Yf 9658

L'OPÉRA

ET

M. HALANZIER

Extraits du Journal La PRESSE

PARIS
AU BUREAU DE L'ADMINISTRATION DU JOURNAL LA *PRESSE*
81, RUE SAINT-LAZARE, 81

1877

L'OPÉRA

ET

M. HALANZIER

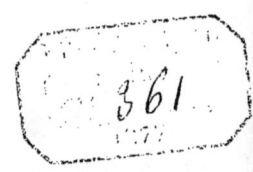

A la veille du jour où le procès que nous a intenté M. Halanzier va se plaider devant la première chambre civile, nous avons voulu réunir en brochure et les articles incriminés et ceux que nous avons publiés depuis l'assignation. On les trouvera ci-après.

Nous réunissons dans cet avant-propos les principaux faits, et nous y ajoutons une conclusion dont l'indiscutable évidence n'échappera à personne.

En dépit des engagements qu'il a contractés et signés, M. Halanzier, considérant sans doute l'Opéra national comme sa propriété, la subvention comme sa chose, ne s'est fait aucun scrupule, depuis cinq ans, de reléguer dans l'armoire aux oublis le cahier des charges, qui est la sauvegarde de l'Académie de musique, et de disposer des deniers de l'Etat, absolument comme s'il ne devait jamais rendre compte de leur emploi.

Il a violé :

1° *L'article* 1er, en manquant *à la dignité, à l'é-* *clat qui conviennent à notre premier théâtre lyrique,* par toutes les causes qu'on lira plus loin.

2° *L'article* 9, en s'abstenant en 1872 et en 1875 de donner des pièces nouvelles.

3° *L'article* 35, en faisant servir les mêmes décors et les mêmes costumes dans des pièces différentes.

4° *L'article* 57, en *dissimulant les recettes du théâtre et en frustrant le droit des pauvres* par des *loges*, dont le prix n'entrait pas dans les comptes des *bureaux établis au théâtre*, et par des fauteuils qu'il avait *cédés ou concédés à titre quelconque.*

5° *L'article* 58, en oubliant, à son profit, de mettre *une loge de* 4e *rang à la disposition du directeur du Conservatoire,* pendant l'année 1874.

6° *Les articles* 118—230—277 *du règlement,* en faisant entrer dans les frais des représentations à bénéfice les cachets des employés, et *en gardant le montant de ces cachets pour lui.*

7° *Les articles* 74-183-270 *du règlement*, en s'abstenant chaque année de donner les représentations *dites capitation*, au profit de la Caisse des pensions.

8° *L'article* 96, en permettant aux artistes de l'Académie de musique *d'exercer leur talent* en province ou à l'étranger, et cela dans un *but de spéculation* indigne du premier théâtre national.

De plus, le directeur s'est rendu coupable d'un inconcevable gaspillage des deniers de l'Etat ; en demandant 83,000 fr. pour monter l'*Esclave*, quand 50,000 suffisaient largement ; en prétendant qu'avec les 2,400,000 fr. votés pour la refection du répertoire, il ne pouvait remettre en œuvre que *dix* pièces et *deux* ballets, quand il était possible de monter avec la même somme au moins *quatorze* opéras et *trois* ballets.

Arrêtons-nous là, bien que l'énumératon soit loin d'être épuisée ; arrêtons-nous et disons : Encore quelques mois de plus d'une semblable direction et l'Académie de musique est près de sa perte ; encore une année, et c'en est fait [de son avenir. Ou le ministère des beaux-arts, tardivement ému de faits qui sont de notoriété publique, se hâtera d'apporter un remède au mal rongeur qui mine notre premier théâtre lyrique, et l'Opéra vivra ; ou M. Waddington continuera à mériter le titre de débonnaire, en perpétuant les traditions de ses nombreux prédécesseurs, et, *après l'Exposition*, l'Opéra est mort.

Le 1er novembre 1879, que restera-t-il au successeur de M. Halanzier ? L'impossibilité de réussir et la certitude d'accumuler chaque année des déficits énormes comme nous l'allons démontrer en ayant encore recours à des chiffres irréfutables.

Il est bien évident que, après l'Exposition, la curiosité du public sera complètement assouvie et que les représentations reprendront leur cours normal à l'Opéra.

Si les dépenses restent les mêmes, les recettes, au contraire, subiront une notable diminution. En nous reportant aux années précédentes, que nous pouvons considérer comme années ordinaires, nous y voyons qu'en 1869 la *moyenne* des recettes fut d'environ 9,300 fr., en 1872 de 9,393 fr., en 1873 de 9,926 fr. et en 1874 de 7,473 fr. Nous ne trouvons aucun motif plausible pour supposer que la moyenne des recettes, pendant l'année 1880, sera supérieure à celles que nous venons d'énumérer.

Nous voulons bien admettre cependant qu'en faveur de l'augmentation du chiffre des abonnements et du prix des places, la moyenne atteigne en 1880 le chiffre de 13,000 francs par soirée, et certes nous exagérons, puisque certaines recettes de la fin de cette année 1876 n'ont pas atteint 10,000 francs.

En 1880, le nombre de représentations ne dépassera pas 180 ; car autrefois, dans les années ordinaires, il variait entre 170 et 179.

Le total des recettes deviendra donc : $13,000 \times 180 = 2,340,000$ francs, et, par suite, nous aurons comme maximum des sommes encaissées :

Recettes......... 2,340,000 fr.
Subvention...... 800,000

Total.. ... 3,140,000 fr.

Pour obtenir le chiffre des dépenses, nous aurons recours à la comptabilité de M. Perrin, *d'abord*. Nous y trouvons qu'en 1869 la dépense fut de 2,542,056 fr. 84 cent., y compris les intérêts des capitaux engagés : soit 2,500,000 fr. en chiffres ronds, défalcation faite de ces intérêts.

Nous prouvons, dans les articles qu'on va lire, que les dépenses annuelles du nouvel Opéra doivent dépasser celles de l'ancien de 640,000 fr. Mais nous raisonnons sur l'année 1875, pendant laquelle il n'y eut aucun frais de mise en scène, et si les 640,000 fr. se trouvent grossis par les droits d'indigents et d'auteurs, calculés sur une recette journalière de 18,500 fr., en revanche, ces 640,000 fr. de frais se trouvent amoindris par l'absence des frais de mise en scène en 1875. Nous pouvons donc admettre que les dépenses du nouvel Opéra, *année commune*, dépassent celles de la salle Le Peletier de 700,000 fr. Ces dépenses seront donc de $2,500,000 + 700,000 = 3,200,000$.

Or, les recettes étant, au maximum, de 3,140,000 fr., il en découle qu'en mettant les choses au mieux, *en supposant une moyenne de* 13,000 *fr. par soirée*, le directeur subira un déficit de $3,200,000 - 3,140,000 = \textbf{60,000}$.

Si nous admettons la moyenne beaucoup plus probable de 12,000 fr., nous obtenons, en raisonnant comme précédemment :

Recettes..... $12.000 \times 180 = 2.160.000$
Subvention.. 800.000

Total..... 2.960.000

Le déficit devient donc, *avec une moyenne de* 12,000 *fr.*, égal à $3,200,000 - 2,960,000 = \textbf{240 mille francs}$.

Etablissons maintenant notre raisonnement avec la comptabilité Halanzier, cette fameuse comptabilité qui va être examinée par un inspecteur des finances, ainsi qu'il appert de la note publiée par l'*Officiel* du mardi 19 décembre 1876.

1re hypothèse : moyenne de 13,000 francs. — Les 180 recettes nous donnent un total de 3,100,000 fr.. Mais, d'après M. Halanzier, les dépenses de 1875 (*sans les frais de mise en scène*) se sont élevées à 3,652,292 fr. 84; donc le déficit sera de

3.652.292 fr. 84 — 3.100.000 = **552.292 fr. 84**

2e hypothèse : moyenne de 12,000 francs. — Les 180 recettes nous donnent un total de 2,960,000 francs. Donc, le déficit deviendra :

3,652,292 84 — 2,960,000 = **692,392 84**

Et, qu'on le remarque bien : ces déficits sont obtenus en supposant toujours qu'il n'y a aucuns frais de mise en scène. Or, ces frais se montant à près de 200,000 fr., année commune, à l'ancien Opéra, il s'en suit qu'à partir de 1880, en tenant compte des frais *inévitables* de mise en scène, la succession Halanzier laissera, chaque année, au futur directeur 750,000 *fr. au moins de déficit*, en supposant une moyenne de 13,000 fr. de de recettes par soirée; et 900,000 fr., en admettant une moyenne de 12,000 fr.

Voilà où nous conduisent les chiffres de M. Halanzier.

Voilà la conclusion qui nous sera donnée par l'inspecteur des finances, s'il reconnaît comme réelle, valable et dûment justifiée la comptabilité actuelle de l'Opéra.

Ou M. Halanzier a mal géré son entreprise, et il a tort.

Ou M. Halanzier fournit une comptabilité en règle, et il a encore tort.

Impossible de sortir de là.

De quelque côté qu'on l'envisage, le résultat apparaît fatal, inévitable.

Concluons.

Nous mettons au défi qu'on puisse trouver, en 1880, un *homme sérieux*, consentant à accepter une pareille succession. Donc, au 1er janvier 1880, l'Académie nationale de Musique fermera ses portes, ou bien l'Etat sera absolument forcée de la prendre en régie; au prix de quels sacrifices, nous n'avons pas besoin de le dire.

Qui sera responsable d'un pareil désastre? M. Halanzier d'abord; puis ceux-là qui, après les avertissements successifs que nous leur avons donnés, se sont obstinément entêtés à ne pas ouvrir l'œil, et peut-être M. le ministre lui-même, qui se refuse à sévir, quand il a entre les mains une arme prompte, sûre et loyale : l'article 91.

LÉON KERST.

L'ÉLOQUENCE DES CHIFFRES

(*EXTRAIT DE LA PRESSE DU 18 JUIN 1876*)

> « *Au surplus, voici des faits,*
> » *et vous le savez, messieurs;*
> » *rien de plus probant qu'un*
> » *fait.* »
>
> (Extrait du mémoire adressé par M. Halanzier à MM. les membres de la commission du budget.)

En tête de cette étude, que nous prenons la liberté de recommander à la scrupuleuse attention de la commission du budget, nous inscrivons à dessein les propres paroles de M. Halanzier, comptant bien nous-même nous appuyer sur des faits, et, ce qui vaut encore mieux, sur des chiffres. Les chiffres auront toujours la supériorité sur les faits : quand ceux-ci peuvent être entourés d'un luxe de détails obscurcissants, ceux-là restent inaltérables à cause de leur sécheresse même. Les faits ne sont pas absolument hors du domaine de l'imagination ; les chiffres ne relèvent que de l'arithmétique, science exacte, comme on sait. Nous nous appuierons donc sur des calculs positifs, en maintenant à notre argumentation le caractère d'irréfutabilité dont nous nous sommes fait une loi.

Dans de précédents articles, nous nous sommes livré à des considérations générales, tendant toutes à déplorer la voie fatale où se trouve engagée l'Académie de musique, dont la décadence s'accentue chaque jour de plus en plus ; il s'agit aujourd'hui d'établir *mathématiquement* la responsabilité de M. le directeur de l'Opéra, et de prouver qu'avec les ressources dont il dispose, il pourrait, par une administration plus habile et plus soucieuse de l'art, satisfaire aux légitimes exigences du public, et être à la tête d'un personnel chantant tel, que le monde entier nous l'envierait. Que faudrait-il pour obtenir ce résultat? Deux choses non impossibles à concilier : moins d'âpreté au gain, et plus d'aspirations artistiques. En établissant que M. le directeur de l'Opéra est l'idéal du premier système, nous prouverons suffisamment qu'il est la négation du second.

Cela posé, procédons à ce que nous appellerons l'historique financier de la direction Halanzier :

Quelques semaines avant l'ouverture du nouvel Opéra, M. Halanzier fit à M. de Cumont, alors ministre des beaux-arts, une demande dans laquelle il lui exposait les motifs dont il prenait prétexte pour réclamer une augmentation de 50 0/0 sur le prix des places au nouveau théâtre. Malgré l'avis de la commission consultative, qui s'était énergiquement prononcée contre cette demande, M. de Cumont accorda 25 0/0 d'augmentation — ce qui est déjà fort honnête — au lieu des 50 0/0 réclamés. Mais en échange de cette bienveillance, peu nécessaire, comme on le verra, le ministre posa pour condition que les bénéfices réalisés par l'exploitation seraient dorénavant partagés par moitié entre l'Etat et le directeur de l'Opéra.

En tant que contribuables, c'est-à-dire apportant chacun notre quote-part, si minime qu'elle soit, pour constituer annuellement le subside dévolu aux théâtres subventionnés, nous avons le droit d'être mis au courant des bénéfices obtenus, comme le ministère a le devoir de contrôler ces dits bénéfices ; car il est en quelque sorte, vis-à-vis de nous, le répondant des bonnes et profitables gestions théâtrales.

Or, le bénéfice accusé par M. Halanzier pendant l'exercice de l'année 1875, s'élève à la somme de 651,000 francs. Etant donné le total des recettes de cette même année, nous croyons qu'il y a eu erreur, et nous allons déduire les différents raisonnements qui nous ont servi à étayer notre conviction. Nos arguments reposeront tous sur des chiffres qui se contrôlent entre eux par trois points de départ entièrement différents. C'est dire que nous sommes assuré de leur exactitude et que nous sommes prêt à répondre à toutes les réfutations.

Notre premier raisonnement consiste à chercher le bénéfice obtenu, en comparant les recettes réalisées en 1875 avec celles obtenues en 1872, par exemple. Nous choisissons l'année 1872 parce qu'elle fut complète, tandis que l'année 1873 fut interrompue le 28 octobre par l'incendie de la salle Le Peletier, et que l'année 1874 fut celle d'une exploitation provisoire, c'est-à-dire le passage temporaire de l'Opéra au Théâtre-Italien. Dans la comparaison des recettes, nous négligerons la subvention, qui fut la même en 1872 qu'en 1875.

Recettes de 1875............... 3.434.412 fr. 43
Recettes de 1872....,.......... 1.681.504   15
Excédant de 1875 sur 1872..... 1.752.908 fr. 28

Si les frais avaient été les mêmes au nouvel Opéra qu'à l'ancien, le bénéfice obtenu en 1875 aurait donc dépassé celui de 1872 d'une somme égale à 1,752,908 fr. 28 c.; mais, par suite de l'exploitation de la salle actuelle, certains frais se sont augmentés dans des proportions considérables ; tels sont l'éclairage, le chauffage, le balayage et le contrôle. Il en est de même pour les droits d'auteurs et le droit des pauvres, qui se calculent d'après la recette ; mais nous pensons avec raison que les autres frais n'ont guère varié, car les décors et les costumes étant tous neufs et *payés par l'Etat*, ont exigé en 1875 moins de dépenses d'entretien qu'en 1872, où costumes et décors étaient défraîchis par un long usage.

Dans les deux années que nous comparons, le personnel de la troupe est resté à peu près le même, sauf l'adjonction de Mlle Krauss, qui touche 60,000 francs par an. Mme Carvalho a remplacé Mlle Devriès, avec plus d'appointements, nous l'accordons ; c'est pourquoi nous admettons une augmentation de 150,000 francs pour les frais de la scène. On voit que nous faisons la part large, et nous inclinons à croire qu'on voudra bien être de notre avis quand nous disons que les frais d'entretien du bâtiment — tout neuf en 1875 — n'ont pas dû dépasser ceux occasionnés par l'ancien Opéra, où tout était décrépit et en mauvais état. Nous ne faisons pas figurer dans le budget de 1875 l'augmentation des chœurs et de l'orchestre, puisque cette augmentation n'a compté qu'à partir du 1er novembre.

Ajoutons incidemment que les deux années qui nous occupent ont ce point commun : que du 1er janvier au 31 décembre 1872, comme du 1er janvier au 31 décembre 1875 aucune pièce nouvelle n'a été représentée à l'Opéra, malgré les exigences de l'article 9 du cahier des charges.

Maintenant, retranchons de l'excédant des recettes de 1875 sur celles de 1872 les frais nécessités par la nouvelle salle durant l'exercice 1875. Nous allons établir ces frais en toute équité.

Excédant des recettes de 1875 sur celles de 1872..................... 1.752.908 28

Excédant des frais du Nouvel Opéra sur l'ancien.
 Gaz éclairage. 140.000 »
 Chauffage, balayage..... 60.000 »
 Contrôle...... 10.000 »
 Scène, gardes, pompiers... 150.000 »
 Droits d'auteurs....... 113.939 01
 Droits des pauvres........ 159.355 29
 633.294 30

Bénéfice **EN PLUS** de 1875 sur celui de 1872..................... 1.119.613 95

Qu'on ne perde pas de vue un instant que les chiffres cités ci-dessus *ne représentent pas les frais réels nécessités par la nouvelle salle* (nous verrons tout à l'heure quels ils sont); ils visent simplement l'augmentation que nous avons pris soin de spécifier en regard de l'accolade.

Ainsi, les chiffres nous indiquent un bénéfice de 1,119,613 fr. 95 de plus en 1875 qu'en 1872. Mais, si nous avons bonne mémoire — et nous l'avons bonne — le profit réalisé durant l'année 1872 par M. le directeur de l'Opéra, fut bien près d'atteindre 300,000 fr.; or, puisque nous avons additionné les frais, il convient aussi d'additionner les bénéfices, soit 1,119,613 fr. 95 + 300,000 = 1,419,613 fr. 95.

1,419,613 fr. 95 de bénéfice réalisé pendant l'exercice 1875, telle est la somme à laquelle nos calculs nous conduisent; nous étions donc fondé à dire qu'il y a erreur dans le compte présenté par M. Halanzier.

Tel est notre premier raisonnement.

Nous allons maintenant le corroborer par un deuxième, puis par un troisième, et tous deux nous donneront les mêmes résultats par des moyens différents.

Faisons une autre opération qui consistera à retrancher directement du chiffre des sommes encaissées en 1875 celui des frais généraux de la même année.

Ceux-ci s'établissent ainsi, et nous avons pris pour règle d'exagérer plutôt la dépense :

```
Appointements en général.   1.600.000 fr.
Éclairage..................    250.000
Chauffage, balayage........     90.000
Entretien général..........    360.000
Droits d'auteurs...........    224.000
Droits des pauvres.........    313.000
                               ─────────
          Total des frais..  2.837.000
```

A ceux qui prétendraient que ce chiffre de 2,837,000 fr. est plutôt affaibli qu'exagéré, nous répondrons : que dans une lettre publiée par le journal la *Liberté*, en date du 11 décembre 1874, et signée Halanzier, ce dernier prétendait que les dépenses au nouvel Opéra atteindraient peut-être trois millions; Mais M. Halanzier entendait parler d'une année ordinaire, et non d'une année comme 1875, où tous les costumes et tous les décors étaient neufs, et pendant laquelle on a sauté, avec une légèreté répréhensible, à pieds joints par dessus l'article 9 du cahier des charges, lequel exige du directeur la représentation de deux ouvrages nouveaux, et, par suite, une augmentation de dépenses d'environ 200,000 fr. Aurions-nous bien tort de faire remarquer que, sur quatre années de direction, M. Halanzier en a consacré deux à considérer l'article 9 comme une muscade ?

Mais, n'insistons pas; ce n'est d'ailleurs pas de cela qu'il s'agit, et notre raisonnement nous presse avec toute la vigueur qu'il doit à sa robuste constitution.

Nous allons obtenir une seconde fois le bénéfice de 1875, en retranchant les dépenses des sommes encaissées :

```
               (Recettes....  3.434.412 43)
Sommes         (Subventions    800.000  » )  4.249.412 43
encaissées     (Locations,                )
               (glacier, etc.) 15.000   » )
           Frais à déduire..... 2.837.000  »
                                ──────────
           Bénéfice de 1875..... 1.412.412 43
```

On voit que ce chiffre ne diffère pas sensiblement de celui que nous avons trouvé comme solution à notre premier calcul. Les deux sommes ne sauraient, d'ailleurs, être rigoureusement égales, puisque nous avons établi le total des frais, 2,837,000 fr. en chiffres ronds.

Notre troisième argumentation consiste à employer les chiffres mêmes de M. Halanzier, en recherchant les dépenses que M. le directeur de l'Opéra dit avoir faites en 1875 et en comparant ces dépenses à celles des autres années moyennes de l'Opéra.

Étant donné le bénéfice de 651,000 fr.; les dépenses de 1875 s'obtiendront en retranchant ce bénéfice des sommes encaissées, qui sont de 4,249,412 fr. 43 c., comme nous l'avons vu.

```
Sommes encaissées.........  4.249.412 fr. 43
A retrancher bénéfice.....    651.000    »
                              ──────────
Il reste pour les dépenses. 3.598.412 fr. 43
```

La direction de l'Opéra aurait donc dépensé une somme ronde de 3,600,000 fr. pendant son exploitation de 1875. Or, dans cette même lettre citée plus haut et parue le 11 décembre 1874 dans la *Liberté*, M. Halanzier déclarait et signait que du 1er mai 1872 au 30 avril 1873, les dépenses de l'Opéra avaient atteint 2,333,394 fr. 88 c. Mais dans l'intervalle du 1er janvier 1873 au 30 avril 1873 parurent la *Coupe du roi de Thulé* et le ballet de *Gretna-Green*; nous permettra de supposer que les dépenses de 1872, année pendant laquelle aucune pièce nouvelle ne fut représentée, ne dépassèrent pas 2,300,000 fr.; donc, les dépenses de 1875 surpassèrent celles de 1872 de : 3,600,000 f. — 2,300,000 f. = 1,300,000 f.

Ainsi, M. Halanzier aurait dépensé en 1875 au moins 1,300,000 fr. de plus qu'en 1872. Mais à quoi ? A l'entretien de la mise en scène ? — Costumes et décors, payés par l'État, étaient tous neufs ; donc les frais d'entretien ne pouvaient qu'être moindres qu'auparavant. Aux frais du bâtiment? — Ils ont dû être à peu près nuls, nous l'avons prouvé. Aux appointements des artistes? — La troupe n'a pas changé, sauf l'adjonction de Mlle Krauss. Nous avons beau chercher, nous ne trouvons pas de motifs suffisants pour justifier une aussi énorme augmentation de charges.

Nous l'avons dit : les frais en plus de 1875 sur 1872 sont à peu près de 630,000, au lieu de 1,300,000. Si cela est vrai, et nous sommes fondé à le croire, le bénéfice de 651,000 fr. va se trouver augmenté de l'excès de 1,300,000 fr. sur 630,000 fr., ou de 1,300,000 — 630,000 = 670,000 fr. ; ce qui donnera pour le bénéfice de 1875 : 651,000 + 670,000 = 1,320,000 fr., et, par suite, une somme presque égale à celle que nos deux autres calculs nous ont fournie et qu'elle atteindrait, si nous n'avions pas pris, pour représenter les dépenses de 1872, le chiffre un peu trop fort de 2,300,000 francs.

Il est bien évident — et nous ne saurions trop insister sur ce point — que le chiffre de 1,300,000 fr. ou 1,400,000 fr. pris comme expression du bénéfice réalisé du 1er janvier au 31 décembre 1875, *n'existe pas réellement* ; mais il devrait exister. Nous ne disons pas « il est », nous disons « il pourrait être ». Puisque M. le directeur de l'Opéra accuse un gain de 651,000 fr., c'est qu'il a gagné 651,000 fr.; cela est incontestable, et nous n'entendons pas aller à l'encontre de son dire ; nous établissons simplement que les dépenses faites en 1875, pour être très réelles, n'en sont pas moins exagérées, et nous appelons l'attention du ministère sur un état de choses qui le prive d'une partie du bénéfice auquel il a droit par suite du contrat synallagmatique passé entre MM. de Cumont et Halanzier.

On a vu que trois argumentations différentes ont amené le même résultat, à savoir : que si les dépenses cessent d'être excessives, le bénéfice est assuré, splendide et inévitable, du moins tant que la curiosité publique ne sera pas assouvie, et alors il nous importe peu que la subvention de 800,000 fr. soit continuée à M. le directeur de l'Opéra : dans l'espèce, l'Etat reprendra d'une main ce qu'il aura donné de l'autre, puisqu'il est appelé à être de moitié dans les bénéfices.

Le profit que nos calculs nous ont amené à établir prouve que l'augmentation du prix des places n'était pas aussi nécessaire que M. le directeur de l'Opéra veut bien le dire dans le Mémoire qu'il vient d'adresser aux membres de la commission du budget. C'est au moins l'avis du public, qui se plaint chaque soir, et avec raison, de payer une stalle 15 et 17 fr. pour toujours entendre les mêmes œuvres ; et loin de penser comme M. Halanzier, qui parle beaucoup plus de lui que du théâtre dont il a l'honneur d'être le directeur, nous sommes assuré qu'aussitôt une exploitation *normale* arrivée, on se verra dans la nécessité d'abaisser le prix des places, si l'on a le souci de ne pas éloigner le public de l'Opéra.

Il y aurait beaucoup à dire sur le Mémoire auquel nous venons de faire allusion, et si nous disions tout, en prenant un à un les arguments beaucoup plus spécieux que spéciaux dont il abonde, il nous serait aisé de le faire passer à l'état de lettremorte. Nous nous contenterons d'en relever les points les plus importants et de les traiter contradictoirement.

Dans un précédent plaidoyer qu'il avait adressé, vers le mois de juin 1875, à tous les membres de l'Assemblée nationale (M. Halanzier plaide volontiers sa cause, et nous ne saurions lui en vouloir, car il a droit de défendre sa situation, comme nous aussi de la discuter), dans un précédent plaidoyer, disons-nous, M. le directeur de l'Opéra, exagérant ses dépenses pour cette même année 1875, y faisait figurer une somme de 350,600 fr. pour deux ouvrages nouveaux que, disait-il, son cahier des charges lui imposait de monter dans le courant de l'année. Or, si nos souvenirs nous servent, nous n'avons pas entrevu le moindre grain de nouveautés, et M. Halanzier connaissait l'existence de l'article 9, puisqu'il s'en servait comme prétexte.

Art. 9. — « Le directeur sera tenu de faire re-
» présenter chaque année *deux ouvra-*
» *ges nouveaux*, pendant toute la du-
» rée de son exploitation : 1º un grand
» opéra avec ballet; 2º un acte, opéra
» ou ballet. »

Il existe aussi un article 91, ainsi conçu :

Art. 91.— » Le ministre sera toujours libre
» *d'exiger la démission* du directeur, si
» *un seul des articles* du cahier des
» charges n'est pas rempli, et notam-
» ment les articles 1 et 9... etc... »

L'article 1 dit ceci :

Art. 1. — « Le directeur sera tenu de diriger l'Opéra avec la dignité et l'éclat qui conviennent au premier théâtre lyrique national. L'Opéra devra toujours se distinguer des autres théâtres par le choix des œuvres anciennes et modernes qui y seront représentées, par le talent des artistes, comme par la richesse des décorations et de la mise en scène. »

Nous admettons l'élasticité de cet article 1er; mais l'article 9 est positif, et l'article 91 doit servir à quelque chose. Alors pourquoi ce dernier est-il oublié par le ministre, comme l'article 9 l'est par le directeur ? Est-ce qu'on n'aurait pas plus de mémoire à la rue de Grenelle-Saint-Germain qu'à la place de l'Opéra ? Nous croyions ingénument qu'on pouvait, d'une part, présider aux beaux-arts et, de l'autre, les exploiter, sans s'être au préalable baigné dans le Léthé !

Que répondra M. Halanzier aux articles que nous venons de citer ? Dira-t-il encore qu'il n'y a « rien de plus probant qu'un fait ? »

L'Opéra montait-il plus d'ouvrages nouveaux autrefois qu'aujourd'hui demande M. le directeur de l'Académie de musique. Et il énumère les travaux accomplis sous la direction Perrin. Seulement il oublie — évidemment c'est un oubli — *Faust* et *Freychutz*, qui furent deux véritables nouveautés.

Nous lui répondrons que nous ne voyons nullement la nécessité de prendre la direction Perrin pour type, et nous le convierons gracieusement, pour sa simple édification personnelle, à remonter avec nous quelque peu en arrière pour toucher du doigt les « faits probants » qui suivent :

Directions de MM. :

Véron (1831-1835), 4 années : 51 actes nouveaux. — Le *Philtre*, *Robert*, la *Sylphide*, *Gustave III*, la *Juive*, l'*Orgie*, la *Tentation*, etc.

Duponchel (1835-1840), 5 années : 60 actes nouveaux. — Les *Huguenots*, *Guido*, le *Lac des Fées*, les *Martyrs*, etc.

Pillet (1840-1847) : 7 années : 81 actes nouveaux. — La *Favorite*, la *Reine de Chypre*, *Charles VI*, la *Pari*, *Lucie*, etc.

Roqueplan (1847-1854), 7 années : 83 actes nouveaux. — *Jérusalem*, la *Vivandière*, le *Prophète*, le *Juif-Errant*, *Paquerette*, etc.

Crosnier (1854-1856), 2 années : 22 actes nouveaux. — *Gemma*, les *Vêpres siciliennes*, la *Fanti*, la *Nonne sanglante*. etc.

Royer (1856-1862), 6 années : 55 actes nouveaux. — Les *Elfes*, le *Trouvère*, la *Magicienne*, *Herculanum*, *Sémiramis*, *Sacountala*, etc.

Après cette énumération, tout commentaire devient inutile.

M. Halanzier ajoute encore :

« On oublie ou l'on feint d'oublier que l'incendie a anéanti le matériel du répertoire, et que la première tâche qui s'imposait au directeur pour tenir l'Oéra ouvert, c'était de refaire ce matériel; or, en dix-sept mois, le répertoire a retrouvé huit grands ouvrages et deux ballets; il s'est augmenté d'un grand opéra, *Jeanne d'Arc*; il va, d'ici à quelques jours, compter en plus un ballet nouveau : *Sylvia*; dans un mois, le *Freyschutz*, et dans deux, le *Prophète*, dont les décors sont dès à présent terminés; sans parler des reprises de la *Reine de Chypre* et de l'*Africaine*, qui sont en voie de préparation. Qu'on cite un seul exemple d'une telle activité ! »

D'abord, nous ne comprenons pas que M. Halanzier se targue d'être actif quand, pendant une année, il a eu sous les yeux les prodiges d'activité de M. Garnier. Pour l'éminent architecte, il s'agissait de bien autre chose que de remettre au répertoire quelques opéras; il fallait achever le monument, et on sait dans quel état il était au 1er janvier 1874. Or, M. Garnier avait promis d'être prêt le 1er janvier 1875, et, le 5, on inaugurait le nouvel Opéra. Donc, passons. M. Halanzier travaille avec conscience, nous nous plaisons à le reconnaître; mais la conscience ne suffit pas, nous lui préférons l'habileté artistique qui ferait monter le niveau de notre première scène lyrique. Un théâtre comme l'Opéra ne saurait demeurer stationnaire; s'il ne monte pas, il est condamné à descendre, et quand nous entendons certaine représentations, comme celle de lundi dernier, par exemple, nous trouvons qu'il apporte à descendre infiniment trop de conscience. On dit communément qu'avec de l'argent on peut tout avoir; on peut donc réunir une armée de décorateurs et de costumiers afin d'aller plus vite et de varier davantage le répertoire. Or, l'argent ne manque pas. Sans compter les recettes encaissées chaque soir, M. le directeur de l'Opéra a reçu, pour la réfection du répertoire incendié, *deux millions quatre cent mille francs*. Voyons combien d'ouvrages peuvent être montés en faisant un judicieux emploi de cette gratification énorme.

Nous allons, encore une fois, faire appel aux chiffres qui nous ont si bien servi jusqu'à présent.

Nous établirons le coût de quelques opéras montés par la direction Perrin, à laquelle on n'a jamais contesté le luxe et le haut goût. Nous prenons à dessein, pour types des pièces qui nécessitent un grand déploiement de mise en scène.

Faust a coûté :

Copies..............	3.167 fr. 20
Accessoires.........	1.875 »
Répétitions.........	3.530 10
Costumes............	51.411 06
Décors..............	56.647 40
Appareils électriques	1.460 »
Total.........	118.090 fr. 76

Hamlet a coûté :

Copies..............	6.747 fr. 60
Répétitions.........	3.607 65
Accessoires.........	513 95
Décors..............	48.186 92
Costumes............	41.841 29
Total.........	100.893 fr. 41

La *Source* a coûté :

Copies..............	2.839 fr. 01
Répétitions.........	2.282 20
Accessoires.........	912 44
Décors..............	19.587 58
Costumes............	7.632 90
Divers..............	192 05
Total......	33.446 fr. 12

Ainsi, à l'Opéra Le Peletier, *Faust* coûtait 118,090 f. 76 ; *Hamlet*, 100,893 fr. 41, et *la Source*, 33,446 fr. 21. Nous reconnaissons volontiers qu'au nouvel Opéra les décors étant plus grands et le personnel de la scène un peu plus nombreux, les dépenses à faire pour monter un ouvrage doivent subir une augmentation proportionnelle. Aussi ne lésinerons-nous pas et accorderons-nous que chaque pièce remise au répertoire coûte en moyenne 170,000 fr. et les ballets 40,000 fr. l'un dans l'autre.

L'Opéra a remonté jusqu'à présent : la *Juive*, la *Favorite*, *Guillaume*, *Hamlet*, les *Huguenots*, *Faust* et *Don Juan*, en tout sept opéras, et non huit, comme dit le Mémoire, en outre la *Source* et *Coppelia*.

7 opéras à 170.000 fr. font	1.190.000 fr.
2 ballets à 40.000 fr. font	80.000
En tout	1.270.000 fr.

De 2,400,000 fr., la somme allouée, retranchons 1,270,000 francs, il nous reste 1,130,000 francs, c'est-à-dire assez d'argent pour remettre au répertoire six opéras et un ballet. Donc, en nous rendant le *Freyschutz*, le *Prophète*, *Robert le Diable*, l'*Africaine* et même la *Muette* et la *Reine de Chypre*, plus le ballet qu'on voudra : la *Sylphide*, par exemple, M. Halanzier n'aura pas besoin de grever son budget annuel, qu'il pourra consacrer à satisfaire les exigences de l'article 9.

Si l'on veut bien songer que, dès le 1er janvier 1874, M. Halanzier avait la certitude d'ouvrir le nouvel Opéra, on pourrr s'étonner à juste titre que depuis 29 *mois et non 17*, et avec tout l'argent nécessaire, il n'ait remis au répertoire que 33 actes d'opéras et 4 de ballets, opéras parfaitement sus par tout le personnel et qui réclament peu de travail, *puisque M. Halanzier annonce lui-même, dons son Mémoire, la reprise du* Prophète, *comme devant avoir lieu dans deux mois ;* or, nous sommes en mesure d'affirmer que *les répétitions n'ont pas encore commencé.*

Résumons brièvement cette aride mais utile étude économique; nous l'avons entreprise dans le but d'arrêter, s'il est possible, la décadence d'un magnique théâtre qui devrait être une de nos gloires. L'art nous préoccupe avant toute et passe, à nos yeux, bien avant les questions de personnes. Notre conviction, mûrement réfléchie et devenue par là même inébranlable, est que l'Opéra suit une pente on ne peut plus dangereuse.

Le Mémoire de M. le directeur de l'Académie de musique nous a fourni l'occasion d'une discussion que nous affirmons loyale et exempte de toute passion. A un plaidoyer personnel, nous avons opposé celui de l'art national. Si nous avons l'honneur d'être lu avec quelque attention, nous nous estimerons suffisamment récompensé de notre peine.

(*EXTRAIT DE LA PRESSE DU 16 JUILLET* 1876)

DEUXIÈME ARTICLE

Dans un précédent article, paru à cette place même le 18 juin dernier, les chiffres implacables ont établi que si les bénéfices annoncés par M. le directeur de l'Opéra, pendant l'exploitation 1875, s'élevaient à 651,000 fr., ces dits bénéfices auraient dû dépasser la somme ronde de 1,400,000 fr., si les dépenses avaient été moins exagérées, c'est-à-dire si l'administration avait été plus soucieuse des deniers de l'Etat comme aussi des intérêts artistiques de l'Académie de musique; en un mot, si M. Halanzier, reconnaissant de l'insigne honneur qu'on lui a fait, s'était efforcé de récompenser le ministère débonnaire dont il relève, en le conviant à partager un profit appréciable et vraiment digne d'une gestion habile et intelligente.

A ce chiffre de 1,400,000 francs, M. Halanzier n'a pas répondu. Nous nous savions irréfutable. Le silence de M. le directeur de l'Opéra a triplé notre force.

Nous avons ajouté que, si nous prenions un à un les arguments plus spécieux que spéciaux dont abonde le mémoire directorial adressé aux membres de la commission du budget, il nous serait aisé de le faire passer à l'état de lettre morte. Nous nous proposons aujourd'hui de reprendre cette étude édifiante. Nous écrivons pour ceux qui savent lire ; nous parlons pour ceux qui savent entendre.

Il est dans ce mémoire des passages inouïs, aux proportions épiques ! « Eh bien ! s'écrie M. Halanzier, emporté par la conviction modeste dont on le sait imbu, eh bien, que me reproche-t-on ? — Ma réussite ?... » Tout beau ! il s'agirait de s'entendre et de savoir ce que veut dire « réussite. » Selon nous, un homme, quel qu'il soit, ingénieur, commerçant, poète, ou boutiquier, ne peut se targuer d'une réussite personnelle que le jour où une idée, sortie de son cerveau et exploitée par sa propre intelligence, se fait apprécier du public, qui la consacre en la déclarant utile et profitable. Où sont les idées de M. Halanzier ?

On n'a pas encore inventé de lentille assez forte pour les apercevoir.

Autre chose est l'exploiteur. C'est celui qui réussit en se servant du travail et des idées des autres. Ici nous n'avons plus besoin de verres grossissants. L'œil nu nous suffit. Examinons : Du 1er novembre 1871 au 1er juin 1876, date du mémoire en question, M. Halanzier, soit forcément, soit en s'abandonnant à son inspiration quelque peu myope, a fait représenter les pièces suivantes : la *Coupe du roi de Thulé*, opéra en trois actes, qui fut joué dix-neuf fois. — *Gretna-Green*, ballet en un acte, joué huit ou dix fois. — *Jeanne d'Arc*, opéra en quatre actes, représenté treize fois. Nous voulons, par indulgence, comprendre dans cette énumération l'opéra de l'*Esclave*, quoique cette pièce n'ait été montée qu'avec l'argent de l'Etat, qui remit à M. Halanzier, *sur sa demande, une somme de 83,000 fr.*, jugée par le directeur *indispensable à la confection matérielle de l'ouvrage*. L'*Esclave* fut affiché quinze fois. Si nous suivions à la lettre le mémoire dont nous parlons, nous comprendrions dans cette liste *Erostrate*, qui fut joué deux fois. En somme, cet ouvrage appartient à la direction actuelle, puisqu'elle se vante (nous prouverons le contraire) d'avoir tiré l'Académie de musique du chaos, après le siège et la Commune, c'est-à-dire après le mois de mai 1871.

Ainsi, 59 représentations environ d'ouvrages nouveaux, sur à peu près 800 qui furent données depuis ces cinq dernières années. Voilà cette réussite tant prônée ! Voilà ces prouesses, que le bon sens de Brantôme eût qualifiées de négatives ! Il est bien évident, et c'est chose indéniable, que, si depuis quatre ans et sept mois et demi, comme écrit M. Halanzier, ce dernier a réussi… à gagner de l'argent en perdant l'Opéra, il le doit non pas à son travail, non pas à ce qu'il appelle « l'expérience acquise par quarante années de théâtre en province » — et que nous, toujours soucieux de la vérité, nous appelons « quarante années de commerce dans les départements » ; — mais qu'il le doit au travail de ses prédécesseurs, à l'expérience de ses prédécesseurs, au sentiment du devoir qui était la règle de conduite de ses prédécesseurs en même que leur sauvegarde contre les critiques de l'opinion.

Puisque M. Halanzier, en faisant sur le mode dithyrambique sa propre apologie, semble ignorer les nombreux griefs qu'on est en droit d'accumuler sur sa tête, nous nous faison un véritable plaisir de les porter à sa connaissance, et nous allons tâcher de l'édifier comme il demande à l'être. Nous laisserons de côté la question artistique, — c'est chose jugée depuis longtemps, — et nous nous renfermerons dans les faits matériels, en nous appuyant tantôt sur des chiffres, tantôt sur des articles du cahier des charges, qu'on traite avec autant de désinvolture que ceux du règlement de l'Académie de musique, lequel, pour remonter à l'année 1821, n'en conserve pas moins sa vigueur et sa rigueur.

Nous demanderons, en premier lieu, à M. le directeur de l'Opéra, pourquoi, dans une lettre déjà citée par nous, et publiée par la *Liberté*, le 11 décembre 1874, il donnait, pour les dépenses annuelles faites à l'Opéra, le chiffre de 2,333,994 fr. 88 c., tandis que cette année, dans le Mémoire adressé aux membres de la commission du budget, et publié par le journal l'*Echo*, en date du 6 juin 1876, M. Halanzier change le chiffre précédent et signe que les dépenses de l'ancien Opéra étaient annuellement de 2,326,622 fr. 82 c.

Enfin, sur l'invitation qui lui fut faite par plusieurs membres de la Chambre des députés, d'avoir à rendre compte de toutes ses recettes et dépenses, M. Halanzier écrivait pour les dépenses de 1872 (seule année complète à l'ancien Opéra pendant la direction actuelle) le chiffre de 2,150,680 fr. 33 centimes.

Pourquoi trois sommes différentes pour une même dépense ? Un chiffre n'est-il plus un chiffre ? Et les quatre simples règles de l'arithmétique se changent-elles en équations du troisième degré ou en calculs imaginaires ? Ce serait plus fort que la quadrature du cercle, et M. Halanzier n'aurait plus qu'à quitter la direction de l'Opéra pour aller occuper un siège à l'Institut, section des sciences inexactes.

Pour nous, qui ne croyons qu'aux sciences exactes, nous demandons quelle confiance peut inspirer une comptabilité qui joue avec ses chiffres comme un jongleur avec ses boules ?

Maintenant, si nous reprenons le journal l'*Echo* du 6 juin, nous y lisons que les dépenses faites à l'Opéra en 1875, et déclarées par M. Halanzier, se montent à la somme de 3,595,510 fr. 64 ; mais dans la reddition des comptes fournie à plusieurs députés, sur leur demande, et QUE NOUS AVONS VUS, on accuse, pour la dépense de 1875, le chiffre de 3,652,292 fr. 84. Pourquoi cette différence de près de 60,000 fr. ? Quel est le chiffre véritable ? Ici la question devient sérieuse, puisque l'Etat doit entrer pour moitié dans les bénéfices. Nous ne dissimulons point le désir que nous avons d'être renseigné sur ce point intéressant.

Etant donnés les chiffres fournis par M. Halanzier lui-même, il nous est facile aujourd'hui d'établir *exactement* le bénéfice de l'exploitation en 1872. On se rappelle que, fidèle à notre système d'impartialité et d'exagération contraire, nous étions arrivé au chiffre de 300,000 fr. Il paraît que nous nous étions trompé de beaucoup, la comptabilité de l'Opéra nous le prouve, et, grâce à elle, nous sommes à même de rétablir la vérité ainsi qu'il suit :

Sommes encaissées	Recettes....	1.681.504 15	2.551.504 15
	Subvention..	800.000 »	
	Location des bals......	50.000 »	
	Location : glacier, libraire.	20.000 »	

Dépenses (d'après M. Halanzier..... 2.150.680 33

Bénéfice en 1872.......... 400.823 82

Il convient d'ajouter à ce chiffre de 400,823 fr. 82 une somme de 18,000 fr. provenant de deux loges situées sur la scène de l'ancien Opéra, côté jardin, l'une au rez-de-chaussée, l'autre au premier étage. Ces loges, louées par abonnement à MM. Crémieux, Merton, Foer-Bey, etc., rapportaient annuellement 18,000 fr. ET NE FIGURÈRENT JAMAIS SUR LES CONTROLES, malgré l'article 57 du cahier des charges, qui dit en substance qu'aucune loge ne peut être la propriété particulière du directeur. Par conséquent, les auteurs et les pauvres furent frustrés pendant deux ans. Les bénéfices réalisés à l'Opéra, pendant l'année 1872, furent donc exactement de 418,823 fr. 82, et, par suite, ceux de 1875 deviennent, ainsi qu'il appert de notre article du 18 juin dernier, égaux à 1,119,613 fr. 95 + 418,823 fr. 82 = 1,538,437 fr. 77, au lieu de 651,000 annoncés.

En présence de ces chiffres, n'est-il pas inconcevable qu'au ministère, au lieu d'écouter la voix de la vérité, on s'applique à rendre les points à saint Thomas? Il nous semble cependant que nous ne buissonnons pas. Nous faisons mieux que de montrer des plaies, nous les faisons toucher du doigt; c'est même avec la plus complète sérénité que nous mettons M. Halanzier au défi de soutenir son administration comme nous l'attaquons nous-même, c'est-à-dire publiquement. Mais M. le directeur de l'Opéra est beaucoup trop fin pour être jamais pris sans vert; sachant pertinemment que nous serons toujours en mesure de lui répondre, il préfère ne pas intervenir et se renfermer dans un silence qui a, à ses yeux, l'immense avantage d'empêcher la publicité donnée à une discussion dont tous les journaux feraient vite leur pâture. Cette manœuvre ne trompe personne, ou du moins ne devrait tromper personne. En semblable occurrence, il n'y a d'abusés *que ceux qui veulent bien l'être*.

La comptabilité de l'Opéra est féconde en surprise et, si le sujet n'était pas aussi grave, il pourrait donner lieu à des rires inextinguibles. Qu'on en juge : D'après M. Halanzier, les appointements du chant, en 1872, s'élevaient à la somme de 580,080 fr. 15 c.; tandis que, pour 1875, ils auraient atteint *un million soixante-six mille six cent dix francs cinquante-cinq centimes*, c'est-à-dire presque le double ! Quelles sont donc les étoiles qui doublèrent la dépense de 1875? Il faut nécessairement, pour expliquer cette différence, que tous les appointements aient été augmentés; nous sommes donc fondé à croire controuvés les bruits qui ont couru de la diminution subie par MM. Grisy et Caron. Ç'a été tout le contraire, évidemment, et M. Grisy doit recevoir annuellement au moins 80,000 francs, et M. Caron 50 ou 60,000 francs. Sur cette pente fantaisiste, où s'arrêterait-on? Nous ne désespérons pas de voir figurer aux dépenses de 1876 les appointements de Mmes Gueymard et Mauduit, de MM. Faure et Belval, qui ne font plus partie de l'Opéra. D'ailleurs, comparons un peu : En 1869,—on se souvient si la troupe de l'Académie de musique fut brillante ;—eh bien ! le total des appointements ne dépassa pas 714,942 fr. 22 c., soit 351,668 fr. 33 c. de moins qu'en 1875. En vérité, en vérité, nous le demandons, d'où peut provenir cette augmentation, qui atteint les limites les plus reculées de l'invraisemblance ?

En cherchant bien, est-ce qu'une agence théâtrale de Paris ne pourrait pas nous renseigner? Celle de M. Ambroselli, par exemple, sise 9, rue Chabannais. M. Halanzier protége, dit-on, cette agence d'une façon toute spéciale. Ce n'est certes pas nous qui l'en blâmerons ; nous nous plaisons à reconnaître qu'il était bien libre de transcrire lui-même les engagements faits par cette agence au mois de juin 1871. après la Commune, pour se distraire et occuper ses loisirs. Mais cela prouve, en même temps, que M. Halanzier, à cette époque, n'était rien encore à l'Opéra. Après la Commune, les anciens artistes et presque tout le personnel, étant rentrés au théâtre, s'associèrent ensemble, obtinrent une subvention de l'Etat, et donnèrent à leurs risques et périls des représentations qui furent de plus en plus fructueuses, jusqu'en novembre 1871. Non-seulement tous les appointements furent soldés intégralement, mais encore il resta en caisse un reliquat assez respectable qui fut partagé entre chacun d'eux.

Nous insistons sur ce point, car certaines personnes ont entendu dire, *d'autres sont persuadées*, que c'est à l'habileté, à l'audace de M. Halanzier, que l'Académie de musique dut sa réorganisation après la Commune. Ne confondons pas : c'est *quand les abonnés furent de retour*, c'est-à-dire en octobre, que M. Halanzier sollicita le privilége. Il l'obtint sans peine : il était sans concurrent, et, d'ailleurs, les capacités ne furent pas mises au concours. Encore l'ancien directeur de province se réserva-t-il le droit de *donner sa démission si la subvention n'était pas votée*. Que risquait-il, et quelle audace a-t-il montrée ? Pourquoi dans son mémoire vient-il nous dire avec une emphase comique : « On se » rappelle dans quelles conditions et dans » quel état j'ai pris l'Opéra en 1871, APRÈS » LE SIÉGE ET LA COMMUNE? »

Il faudrait en finir une bonne fois avec ce *cliché* agaçant, et tâcher de rendre à César ce qui n'est pas à Halanzier ! Mieux inspiré serait M. le directeur de l'Opéra, s'il rendait justice aux artistes qui payèrent généreusement de leur personne à cette époque, et lui facilitèrent une prise de possession où il y avait beaucoup plus de profit en perspective que de risques à courir: mais ces procédés-là lui sont inconnus, il témoigne plus volontiers autant d'ingratitude aux artistes qu'il en affiche envers les directeurs qui l'ont précédé, et auxquels il doit pourtant le répertoire, ce répertoire splendide qu'il massacre sans relâche depuis cinq ans, et dont les beautés intrinsèques font quand même et toujours de l'argent : cela suffit.

Procédons maintenant à quelques révélations intéressantes à propos de l'*Esclave*.

Nous avons dit que M. Halanzier avait reçu de l'Etat en 1874 une somme de 83,000 francs pour monter l'*Esclave*, opéra en 4 actes et 5 tableaux. Nous qui sommes économe, nous eussions pu monter cet ouvrage, aussi bien, sûrement, et probablement beaucoup mieux, avec beaucoup moins d'argent ; et nous le prouvons en établissant et en raisonnant la dépense ainsi qu'il suit :

Copies..............	7.000 fr.
Répétitions..........	4.000
Accessoires..........	800
Costumes............	29.000
Décors..............	12.000
Total............	52.800 fr.

A ceux qui croiraient le chiffre de 12,000 fr. trop faible pour les décors, nous répondrons qu'il n'y eut que *trois* décorations *neuves* : 1° celle du 1ᵉʳ acte : un intérieur ; — 2° celle du 3ᵉ acte : un palais ; — 3° celle du dernier tableau du 4ᵉ acte : une place publique. Le décor du 2ᵉ acte était l'ancien décor du 4ᵉ acte d'*Hamlet*, retouché pour la circonstance par le peintre Daran ; celui du 1ᵉʳ tableau du 4ᵉ acte était le même décor que celui du 1ᵉʳ acte. Nous ne pouvons comprendre, dans cette énumération, la décoration d'un acte qui fut supprimé, puisqu'elle servit par la suite pour *Robert le Diable*.

De plus, la scène du théâtre Ventadour n'a que 15 mètres de profondeur sur 20 à 22 mètres de largeur, tandis qu'une scène ordinaire, comme celle de la Gaîté, par exemple, mesure 19 mètres de fond sur 27 de largeur. Donc, en partant de ces mesures qui nous donnent un nombre inférieur à 1,200 mètres superficiels pour tous les décors de l'*Esclave*, et en prenant le prix très exagéré de 10 fr. le mètre pour les bois, la serrurerie, la toile et la peinture, nous arrivons à peine au chiffre de 12,000 fr. que nous avons présenté comme étant la dépense nécessitée par les décors.

Quant aux costumes, nous rappellerons qu'il y eut peu d'armures — chose vraie, quoique invraisemblable, — qu'il y eut peu de soie, de velours ou de satin, et qu'un certain nombre de costumes avaient servi déjà dans d'autres pièces, notamment dans la *Coupe du roi Thulé* ; par conséquent, notre chiffre de 29,000 fr. est plutôt au-dessus qu'au-dessous de la vérité. Les autres chiffres étant à peu près exacts, il nous reste, sur les 83,000 fr. *demandés par M. Halanzier*, une somme de 30,000 fr., dont nous n'apercevons pas l'emploi et dont notre science pratique se refuse à expliquer la dépense.

C'est pour des raisons analogues qu'il nous est impossible de comprendre comment les huit pièces et les deux ballets remis au répertoire jusqu'à ce jour ont pu coûter 2,000,000 de francs, puisqu'il ne reste plus, paraît-il, que 400,000 fr. sur les 2,400,000 fr. votés après l'incendie.

En retirant 80,000 fr. pour la *Source* et *Coppelia*, il nous resterait 1,920,000 fr. pour les huit opéras remontés, *soit 240,000 francs pour chaque pièce*: c'est absolument inadmissible, et nous le prouvons :

Prenons *Hamlet*, par exemple, qui coûta 100,893 fr. 41 à la salle Le Peletier. Il résulterait qu'il aurait fallu augmenter la dépense de 140,000 fr. pour transporter cet ouvrage sur la scène du nouvel Opéra ! Mais ces 140,000 fr. ne peuvent provenir que des décors. En effet, les frais de copies ont dû être presque nuls, et les dépenses des répétitions fort affaiblies, ce qui nous donne près de 10,000 fr. en moins pour le nouvel Opéra. Nous voulons bien admettre que les costumes aient coûté 10,000 fr. de plus, quoiqu'ils aient été à peu près les mêmes. En tout cas, il y a compensation.

Or, copies, répétitions, accessoires, costumes ayant coûté environ 53,000 fr., il va nous rester la somme de 240,000 francs — 53,000 fr. = 187,000 fr. Ainsi, nous arrivons au chiffre de 187,000 fr. pour les seuls décors d'une pièce qui n'avait pas coûté 50,000 fr. à la salle Le Peletier ! En prenant le prix de 10 fr. pour le mètre superficiel de ces décors (et nous répétons que c'est beaucoup exagéré), il s'en suivrait que les décors d'*Hamlet* mesureraient au nouvel Opéra **18,700 MÈTRES DE SUPERFICIE**, soit plus de 3,000 mètres carrés l'un dans l'autre !

Voyez-vous les décors d'*Hamlet* ne pouvant pas tenir dans le Champ-de-Mars ! C'est tellement absurde que nous n'avons pas besoin d'insister.

Nous n'ignorons pas que certaines pièces, comme la *Juive* et les *Huguenots*, peuvent avoir exigé plus de dépenses qu'*Hamlet*; mais, en revanche, la *Favorite* et le *Freyschütz* ont coûté moins. Nous avons choisi *Hamlet* qui représente une moyenne exacte, et nous répétons ce que nous avons dit dans notre article du 18 juin : que les pièces du répertoire ne peuvent pas coûter au nouvel Opéra, et l'une dans l'autre, plus de 170,000 fr. Nous défions qu'on nous prouve le contraire.

Pourquoi a-t-on dépensé davantage ? Pourquoi ne pas avoir exercé une surveillance rigoureuse sur ces dépenses, à une époque où le budget est si lourd, où tant de misères sont à soulager ? Pourquoi ? Nous le demanderons jusqu'à ce qu'on nous réponde.

Nous demanderons aussi pourquoi le ministère et le bureau des théâtres n'exigent pas du directeur de l'Opéra la soumission complète aux articles du cahier des charges et à ceux du règlement. Depuis quand la Loi est-elle faite pour être violée ? La République doit l'affirmer en reniant les pires errements des gouvernements qui l'ont précédée.

Nous avons rappelé, à propos des loges situées sur la scène de l'ancien Opéra, que l'article 57 n'avait pas été respecté. Ce même article n'a pas empêché M. Halanzier de faire SA PROPRIÉTÉ PARTICULIÈRE, au nouvel Opéra, des fauteuils d'orchestre nos 99, — 101, — 103, — 138, — 140, — 142, qui, depuis dix-huit mois, *n'ont jamais figuré sur les contrôles* que comme places de faveur, quoiqu'ils soient concédés par un traité particulier, que nous ferons connaître si on le désire.

Et l'article 58 ainsi conçu :

Art. 58. — La loge du 4me rang, n° 12 (1) sera mise deux fois par semaine à la disposition du directeur du Conservatoire de musique et de déclamation, pour les élèves de cet établissement.

Pourquoi cet article fut-il oublié du 19 janvier au 10 novembre 1874 ?

L'article 35 n'a-t-il pas pour but de bien catégoriser chaque pièce dans le répertoire général et d'empêcher que tel ouvrrge ne soit, à un moment donné, représenté avec des costumes ou des décors qui auraient déjà servi ? Or, pourquoi avons-nous vu des décors de *Roland* dans la *Coupe*, d'*Hamlet* dans l'*Esclave*, etc.? Pourquoi avons-nous vu des costumes de la *Juive* et de la *Coupe* dans la *Favorite*, de la *Coupe* dans l'*Esclave*, de l'*Esclave* dans *Freyschütz*. etc. ?

Dans notre article du 18 juin. nous avons cité l'art. 1er et surtout l'article 9 du cahier des charges, qui ordonne au directeur de jouer chaque année deux pièces nouvelles. Nous rappellerons encore l'art. 91, au moyen duquel le ministre a toujours le droit — et selon nous le devoir — d'exiger la démission du directeur si *un seul* des articles du cahier des charges n'est pas rempli, et notamment les articles 1 et 9. Qu'attend-on alors ? — Probablement que *tous* les articles soient violés ? Nous commençons à le croire.

Nous pourrions accumuler encore plus de griefs et donner les explications les plus étendues, notamment à propos de ce qu'on appelle les *billets de circulation;* il nous répugne de croire le ministère au courant de trafics aussi scandaleux. Cependant, nous ne pouvons passer sous silence la question des *cachets des bénéfices particuliers* que le directeur demande aux bénéficiaires et garde pour lui, malgré les articles 113, 230, 277 du règlement de 1821, lequel n'a jamais été abrogé.

Art. 113-230-277. Toutes les fois qu'il est accordé par le ministre, au profit d'un sujet attaché à l'établissement, une représentation à bénéfice sur le théâtre de l'Académie, non-seulement la salle est mise à la disposition du bénéficiaire, mais cette représentation devient un devoir pour tous les artistes, employés et préposés.

(1) Salle Ventanour, c'était le numéro 7; au nouvel Opéra, c'est le numéro 25.

Nous ne pouvons non plus ne pas demander pourquoi, depuis cinq ans, on a supprimé les représentations dites *capitation*, malgré les articles 74, 188, 270 du même règlement.

Art. 74-188-270. L'Académie de musique donne ordinairement trois représentations par semaine et se réserve d'en porter le nombre à quatre, jusqu'à concurrence de 182 par an, y compris toutes représentations à bénéfice, celles dites *capitations* au nombre de deux, au profit de la caisse des pensions, et les concerts, à l'exécution desquels tous les artistes sont tenus de concourir.

Peut-être ces griefs nous fourniront-ils un nouvel article. Pour aujourd'hui, nous nous sommes borné, comme précédemment, à des faits prouvés par des chiffres, ou en contradiction flagrante avec le cahier des charges.

Nous nous résumerons, en terminant : Pour la seule question de l'Opéra, pour la conservation d'une Académie si glorieuse par son passé et responsable des richesses d'un si bel avenir, l'Etat, depuis deux ans, a donné 6,000,000 d'abord, augmentés de 3,000,000 pour achever le nouvel Opéra; il a versé 609,200 francs au directeur pour aider à l'exploitation provisoire à la salle Ventadour; il a voté 2 millions 400,000 fr. pour la réfection du répertoire incendié; il a maintenu la subvention annuelle de 800,000 fr.; soit en tout, *depuis deux ans*, une somme de 14,609,200 francs ou près de **QUINZE MILLIONS.**

Outre cette somme fantastique, il a gratifié M. Halanzier d'un palais qui fait, et fera longtemps encore l'admiration du monde entier. Maintenant, si nous envisageons, le résultat obtenu par tant de dépenses si onéreuses et tant de générosité si aveugle, que voyons-nous ? — Un homme satisfait, — il a le courage de l'écrire ! — qui considère l'Opéra comme sa propriété, la subvention comme sa chose, pour qui l'art est un vain mot, le gain un mobile unique, et qu'on laisse impunément violer un cahier des charges, qui cependant possède un article 91, au moyen duquel on pourrait, DÈS DEMAIN, satisfaire l'opinion publique, en arrêtant la décadence scandaleuse d'un théâtre qui devrait être la gloire de l'art français.

Une dernière question :

Depuis que l'Opéra est l'Opéra, une direction a-t-elle jamais été attaquée comme l'est celle de M. Halanzier? M. le ministre lui-même — s'il a une connaissance exacte de ce qui se passe, ce dont il nous est permis de douter — nous répondra catégoriquement : « Non. »

Alors, pourquoi aller obstinément contre l'évidence, et vouloir quand même se convaincre qu'il peut y avoir de la fumée sans feu ?

(EXTRAIT DE LA PRESSE DU 6 AOUT 1876)

TROISIÈME ARTICLE

On se rappelle que dans notre deuxième article sur la question de l'Opéra, nous avons laissé entrevoir la possibilité d'un troisième feuilleton, pour être en règle avec le proverbe qui veut que les bonnes choses aillent par trois. Très désireux de connaître le fond de notre sac, — comme on dit vulgairement, — M. Halanzier nous a envoyé du papier timbré et nous a fourni un prétexte fort plausible pour répondre aux attendus inénarrables dont son *exploit* est çà et la émaillé. Nous allons nous efforcer de le satisfaire, en le remerciant au préalable de servir si bien les intérêts du public, au détriment des siens propres. Ce détachement subit est un fait trop neuf dans les annales de la direction Halanzier pour que nous ne croyions pas de notre devoir de le signaler à nos petits-neveux, qui nous seront très certainement reconnaissants un jour ou l'autre d'en avoir été l'auteur principal.

Ainsi, dit la feuille timbrée, nous avons allégué sciemment des faits faux ou mensongers.

Alors M. le directeur de l'Opéra voudra bien nous donner les titres des *quatre* ouvrages nouveaux qu'il a fait représenter sur la scène de l'Opéra, du 1er janvier au 31 décembre 1872, et du 1er janvier au 31 décembre 1875, sinon nous aurons l'audace de répéter que, pendant ces deux années, l'art. 9 du cahier des charges a été soigneusement enveloppé des voiles opa-

ques de l'oubli, et nous aurons le droit de tourner prestement les feuillets du cahier pour arriver à l'article 91 et y faire une pause.

(*N.-B.* L'article 91 donne au ministre le droit d'exiger la démission du directeur si un seul des articles du cahier des charges n'est pas rempli, et notamment l'article 9.)

Nous serons également fort heureux d'apprendre que, fidèle observateur de l'article 35, M. Halanzier ne s'est pas servi des décors de *Roland* pour la *Coupe*, de ceux d'*Hamlet* pour l'*Esclave*, des costumes de la *Coupe* pour la *Favorite*, etc., autrement nous renouvellerons notre pause devant l'article 91.

Enfin notre joie sera sans égale si M. le directeur de l'Opéra nous prouve, contrôles en mains, que, par suite du privilége de l'art. 58, les élèves du Conservatoire assistèrent dans une loge du 4e rang aux représentations de l'Opéra du 19 janvier au 10 novembre 1874; qu'en vertu des art. 74, 188, 270 du règlement, il y eut chaque année deux représentations dites *capitations*, au profit de la caisse des pensions; que les employés ont touché tous les cachets qui leur revenaient après les représentations à bénéfice, etc., ou bien nous allons nous éterniser devant l'art. 91.

Serait-ce à propos des chiffres que M. Halanzier nous croit dans l'erreur ? Il devait alors nous le dire ; il est vrai que nous n'eussions pas été plus convaincu, car nous avons l'immense défaut d'appeler un chat un chat, et l'arithmétique l'arithmétique. La science exacte nous conduit à poser des chiffres qui seront reconnus faux, le jour, infiniment peu prochain, où M. Halanzier démentira la lettre qu'il a écrite lui-même à la *Liberté*, ou les mémoires à l'Assemblée, qu'il a signés de sa main.

« Vous m'accusez de malversations et » vous prétendez que je m'approprie in-» dûment des bénéfices illicites, » nous crie M. le directeur de l'Opéra, par l'organe de son huissier. Eh! eh! serait-il donc question de l'article 57, car voici des gros mots que nous nous sommes bien gardé d'employer? La conscience effarouchée de M. Halanzier n'a pas notre retenue.

Il est de fait qu'il est terrible cet article 57. Qu'on en juge :

Art. 57. — Défense la plus expresse est faite au directeur de dissimuler les recettes du théâtre et de frustrer le droit des pauvres par des entrées, des loges ou des billets prétendus gratuits, donnés en payement de frais, cédés ou concédés à quelque titre que ce soit, ou vendus ailleurs qu'aux bureaux établis à son théâtre et soumis au contrôle de l'administration de l'Assistance publique.

C'est assez clair. Alors, pour nous relever de notre faction fatigante devant l'article 91, que M. Halanzier, par simple humanité, consente à nous prouver que les deux loges situées sur la scène de l'ancien Opéra, côté jardin, et louées ensemble 18,000 fr. (nous avons dit à qui) ont toujours figuré sur les contrôles et dans le chiffre des recettes du 1er novembre 1871 au 28 octobre 1873.

Que la même humanité amène M. Halanzier à nous démontrer, toujours contrôle en main, que, depuis le 5 janvier 1875, les fauteuis d'orchestre nos 99, 101, 103, 138, 140, 142 ont été loués, abonnés ou vendus au bureau, et ne sont pas restés la propriété particulière du directeur et occupés gratuitement, par suite d'un traité passé avec MM. Gay, Dervieu, Durrieu, Arthur et Albert Rostang et la Banque franco-égyptienne.

A défaut de preuves, nous sommes dans la dure nécessité de maintenir que, sans parler des auteurs, les pauvres ont été frustrés de près de 5,000 fr. En effet, deux loges louées 18,000 fr. par an pendant deux ans. donnent 36,000 fr. Pour les fauteuils d'orchestre, le prix d'abonnement étant de 11 fr. 53, celui de la location 15 fr., nous prenons le prix du bureau 13 fr., qui se trouve être à peu près la moyenne. Or, 6 fauteuils à 13 fr., font par soirée 78 fr. Du 5 janvier 1875 au 1er juillet 1876, l'Opéra ayant donné environ 230 représentations ordinaires, nous sommes amené au chiffre de 17,940 fr. pour les six fauteuils. Cette somme, jointe aux 36,000 fr. des loges, donne un total de 53,940 fr., dont le onzième, pour le droit des pauvres, est exactement 4,903 fr. 63. On peut soulager bien des petites misères avec ce total. Qu'en pense l'Assistance publique?

Bien que plein de confiance dans nos arguments, toujours appuyés par la science pratique du théâtre, en relisant les termes de l'assignation et en voyant nos articles traités de « malveillants » et de « pas fondés », nous avons cru devoir faire un retour sur nous-même et nous demander à nouveau si, par hasard, il n'eût pas été impossible de monter l'*Esclave* avec moins de 83,000 fr., et chaque pièce remise, au répertoire, avec moins de 240,000 fr.

Nous sommes donc allé aux renseignements autour de nous, et nous avons obtenu des résultats que nous nous permettons de soumettre à l'intelligence de M. le directeur de l'Opéra, heureux s'ils peuvent lui servir en l'empêchant à l'avenir de se livrer à des dépenses exagérées, ce qui l'amènera à présenter à l'Etat, co-partageant, des bénéfices plus sérieux.

M. Halanzier voudra bien prendre ces conseils comme nous les lui donnons, c'est-à-dire sans idée de critique, mais dans le simple but de lui être utile, car n'ayant jamais dirigé que des scènes de province, où tout se copie sur Paris, M. Halanzier ne saurait raisonnablement posséder les connaissances pratiques qu'on acquiert en exerçant son intelligence et son initiative sur les scènes de la capitale.

En 1872, lorsque le directeur de la Gaîté reprit le *Fils de la Nuit*, drame en huit tableaux, il voulut, comme de raison, faire les choses au mieux en dépensant le moins possible. Il prit conseil de son excellent chef machiniste, M. Godin, et celui-ci, en se servant adroitement du matériel du théâtre, en mêlant avec habileté anciennes et nouvelles décorations, parvint à ne dépenser qu'une somme de 8,000 fr. pour les décors d'une pièce qui comprenait huit changements (le vaisseau excepté), et cela sur une scène qui a 27 mètres de long sur 19 de large. Ceux qui ont vu le *Fils de la Nuit* à cette époque peuvent se rappeler combien l'ensemble des décors fut remarquable.

Pourquoi M. Halanzier, au théâtre Ventadour, n'a-t-il pas su faire de même avec l'*Esclave*? L'*Esclave* ne comprenait que cinq tableaux sur une scène plus petite (22 m. sur 15). Il est vrai que M. Halanzier avait 83,000 fr. donnés par l'Etat, nous allions l'oublier.

En 1865, fut représentée la *Biche au bois*, à la Porte-Saint-Martin. Quoique M. le directeur de l'Opéra ait eu le génie d'introduire dans *Freyschutz* des phoques, des chouettes et des chauves-souris, nous ne pensons pas qu'il puisse jamais se targuer d'avoir inventé quelque chose de mieux que la mise en scène de cette splendide féerie. Or, cette pièce, qui avait exigé près de 600 costumes, 20 décorations dont plusieurs à transformations, fermes à bâtis et praticables mobiles, n'avait pas coûté 140,000 fr.! A l'Opéra, où on fait plus mal les choses, la seule *Favorite* coûte 240,000 francs. C'est du délire!

Lorsque la *Biche au bois* fut reprise, en 1867, on se rappelle l'effet produit par le dernier tableau, au moment où Batty et ses lions étaient en scène. Le décor paraissait immense et la scène remplie de personnages, et pourtant il n'y avait sur le théâtre que 6 artistes, 17 figurants et 20 ou 25 comparses, soit en tout 50 personnes, mais groupées avec tant d'art, costumées avec un goût si parfait, le tout si bien éclairé, que l'effet produit était vraiment surprenant. Malgré l'intelligence dont M. Halanzier fait parade dans son Mémoire, il nous est impossible de le suivre sur ce terrain plein d'enthousiasme personnel; ce que nous voyons chaque jour s'y oppose.

Pour M. Halanzier, directeur de nombreux théâtres d'ordre inférieur, l'art de la mise en scène consiste à grouper en rond le plus de personnages possible, comme s'ils étaient censés assister sur une place publique aux exercices surprenants d'un bateleur; en outre, les masses entrent toujours par le fond, comme si l'on prenait a cœur de rendre impossible toute illusion sur la perspective. Se rappelle-t-on les jeunes danseuses qu'on avait eu l'heureuse idée de placer au fond du décor représentant l'aquarium, au deuxième acte de la *Coupe*? Ces braves enfants, en agitant consciencieusement leurs bras rouges et maigres, selon la consigne donnée, ressemblaient à s'y méprendre à de jeunes langoustes folâtres, et la vue d'une mise en scène aussi réussie plongeait le directeur dans des extases ineffables. O Rubé, Chaperon, Lavastre, Despléchin, Cheret, et vous tous pauvres grands artistes, devez-vous assez souffrir quand vous voyez faire de vos admirables toiles un emploi si judicieux, et détruire vos plus superbes effets de perspective avec une maladresse qui n'a son pendant sur aucune scène parisienne!

Et pourtant que de ressources trouverait un directeur habile dans la merveilleuse scène de l'Opéra! N'est-il pas désolant de voir qu'avec l'argent et les efforts dépensés pour la machination du Nouvel Opéra, le directeur ne peut arriver à produire seulement les changements qui s'opèrent sur les théâtres du boulevard, et qu'il annonce comme une chose extraordinaire 32 minutes d'entr'actes le jour où il donne *Freyschutz* et *Sylvia*? Laissera-t-on, comme au Vaudeville, moisir et rouiller tout ce qui fut établi pour la machination? A quoi auront servi alors les études de la commission qui fut nommée à cet effet et qui travailla pendant plusieurs années?

Ces travaux n'avaient-ils pas pour but de simplifier les manœuvres, et, s'il en est ainsi, pourquoi ne pouvoir exécuter, sur la scène de l'Opéra ce qui s'exécute dans les théâtres secondaires? Il est bien évident qu'à défaut de ces connaissances spéciales qu'il n'est pas tenu d'avoir, si M. Halanzier daignait accepter les conseils des gens compétents, on ne verrait plus, dans un changement à vue, les jambes de ses machinistes et autres misères impardonnables. Mais comme cela n'influe pas sur la recette, ces réflexions resteront non avenues.

M. Halanzier prétend que l'excédant des dépenses du nouvel Opéra sur l'ancien dépasse 1,300,000 fr.; c'est possible. Pour nous, en faisant la preuve par chiffres (Voir nos deux précédents articles.) nous trouvons seulement la somme de 633,294 fr. 33 c. Si l'on veut un exemple, prenons les chiffres du contrôle dans les deux salles, et en vertu du précepte *Ab uno disce omnes*, nous aurons suffisamment établi l'économie de notre théorie.

1869			**1875**	
1 Inspecteur de la salle et de la scène	3.500		1 Contrôleur général.......	2.700
1 Chef de contrôle........	1.600		1 Contrôleur chef........	1.800
1 Sous-chef....	1.000		1 Sous-chef.....	1.000
2 Inspecteurs de la salle.....	1.500		3 Inspecteurs..	1.800
2 Contrôleurs adjoints......	1.300		2 Contrôleurs adjoints......	1.200
1 Secrétaire....	500		2 Secrétaires...	1.000
4 Echangeurs..	1.800		4 Echangeurs..	2.000
6 Indicateurs...	1.650		32 Indicateurs et huissiers...	9.700
4 Placeurs de parterre.......	1.600		4 Placeurs de parterre.......	1.500
2 Gardiens de communication.	800		2 Gardiens de communication.	800
3 Buralistes....	1.750		4 Buralistes....	2.000
27 Totaux..	17.000		56 Totaux..	25.000

Il convient d'ajouter au chiffre de 17,000 francs, pour l'année 1860, une somme de 2,300 fr. provenant d'une gratification de 100 fr. distribuée en deux fois, le 1ᵉʳ janvier et le 15 août, aux vingt-trois employés du contrôle pour les indemniser de leurs frais de toilette. Nous obtenons, par conséquent, un total de 19,300 fr., nécessité par les frais de contrôle de l'ancien Opéra.

Il convient aussi de retrancher du chiffre de 25,000 fr. pour l'année 1875, une somme d'au moins 1,200 fr., provenant des cachets des trois représentations données en mai, juin et juillet de cette même année au bénéfice des familles Crocé-Spinelli, des pupilles de la guerre et des inondés. M. le directeur de l'Opéra fit entrer dans la liste des frais payés par les bénéficiaires, à chacune de ces représentations, les cachets gagnés par les employés du contrôle, et les garda. *Ego nomimor leo*.

C'est le droit de M. Halanzier, nous ne le nions paint ; mais ce procédé est en contradiction flagrante avec les usages adoptés de temps immémorial à l'Académie de musique. Dans le bon temps, chaque fois qu'une représentation à bénéfice était donnée, les cachets des employés entraient dans les dépenses à la charge du bénéficiaire ; mais ils étaient toujours remis par le directeur à ces mêmes employés. N'insistons pas ; nous savons depuis longtemps que M. Halanzier est un novateur hardi.

Ainsi, les dépenses du contrôle en 1875 sont équivalentes à 25,700 — 1,200, soit 24,500 fr. ; par suite, l'excédant des frais de contrôle au nouvel Opéra sur l'ancien devient égal à 24.500 — 19,300 = 5,200. On voit qu'en portant cet excédant à 10,000 fr. (voir nos précédents articles), nous étions au-dessus de la vérité ; il en est de même de tous nos chiffres. D'ailleurs, pour prouver à M. le directeur de l'Opéra qu'aucune idée malveillante ne nous anime, nous ne pouvons mieux faire que de lui souhaiter 30 ou 40 bénéfices par année, au lieu de 3, comme en 1875 ; plus les représentations à bénéfices seront nombreuses, plus les cachets payés par les bénéficiaires et gardés par le directeur se multiplieront, de telle sorte qu'avec un nombre raisonnable de représentations de ce genre, on atteindra le beau idéal, à savoir : que le contrôle finira par ne plus rien coûter, puisqu'il sera tout entier payé par les bénéficiaires. En style commercial, cela s'appelle de l'ingéniosité.

Autre chose :

M. Halanzier n'a peut-être pas trouvé tout à fait juste le raisonnement qui nous a amené à qualifier de négatifs les résultats obtenus par la brillante gestion que l'on sait. Nous allons, en procédant autrement, lui faire toucher la chose du doigt. 59 représentations de la *Coupe*, de *Gretna-Green*, de l'*Esclave*, de *Jeanne d'Arc*, c'est-à-dire 59 représentations d'ouvrages montés par M. Halanzier ont produit un total de recettes d'environ 600,000 fr. Or, les recettes de l'Opéra, pendant ce même temps de 4 ans et 7 mois 1/2, ont atteint à peu près 8,100,000 fr. Ainsi, les seules idées de M. Halanzier ont rapporté 600,000 fr. en 4 ans et 7 mois 1/2, tandis que le répertoire des prédécesseurs produisait, durant le même laps, 8,100,000 francs — 600,000 francs ou une somme de 7,500,000 francs. Voilà la vérité. Il nous est donc aisé d'établir mathématiquement, par une simple proportion arithmétique, le rapport entre les idées Halanzier et celles de ses prédécesseurs.

Idées Halanzier	600.000	6	1
Idées de ses prédécesseurs	7.500.000	75	12.5

Donc les idées de M. Halanzier pour la gloire de l'Académie de musique sont aux idées de ses prédécesseurs comme 1 est à 12 1/2, c'est-à-dire que M. Holanzier n'a pas même la douzième partie de la valeur des autres directeurs. C'est un peu mince ! Le calcul est sévère, soit ; mais il est si juste !

Si l'on ajoute au chiffre de 8,100,000 fr. provenant des recettes brutes, les subventions, les locations diverses, etc., on trouve que les sommes encaissées à l'Opéra pendant 4 ans et 7 mois 1/2 atteignent près de 13,500,000 fr. De plus, les idées de

M. Halanzier ayant produit à peu près 600,000 fr. pendant ce temps, soit 4 millions avec les subventions, et les frais à l'Opéra ayant dépassé, en moyenne, 2,400,000 fr. par année, soit 11,000,000 pour les 4 ans et 7 mois 1/2, il s'ensuit que, s'il avait été abandonné à ses propres ressources inventives, M. Halanzier, au lieu de réaliser des bénéfices inouïs, aurait éprouvé une perte sèche de plusieurs millions. C'est à donner la chair de poule.

Avant de terminer, nous voulons, dans l'intérêt du public, adresser quelques questions à M. le directeur de l'Opéra, et nous prenons la précaution de l'avertir que nous tiendrons pour véritables les faits qu'elles visent, si ceux-ci ne sont pas démentis.

Est-il vrai que l'administration de l'Opéra ne veut jamais garder dans la salle quelques places en réserve, pour parer le soir aux éventualités des doubles emplois, lorsque les mêmes stalles ou les mêmes loges ont été louées deux fois à des personnes différentes, par erreur des buralistes ? Cette simple précaution, que tous les théâtres observent au moment des grands succès, afin que le public ne puisse soupçonner la bonne foi de leur administration, ne serait jamais mise en pratique à l'Opéra.

Est-il vrai que, malgré de nombreuses réclamations, on use toujours au bureau de location de l'Opéra de ce subterfuge, qui consiste à ne marquer sur les billets délivrés à l'avance qu'une simple date, sans indiquer le nom de la pièce pour laquelle on loue, et cela pour pouvoir se mettre à l'abri et ne jamais s'exposer à rendre l'argent que le public serait cependant en droit de réclamer, lorsque le spectacle, affiché la veille est brusquement changé pour une cause qu'il ignore ? Sous les anciennes directions, on marquait sur tous les billets pris à l'avance le titre même de la pièce pour laquelle on les avait loués, cette pièce dût-elle être représentée 8, 10 ou 15 jours après la prise de possession du billet. Quand une circonstance forçait le directeur à changer de spectacle, on rendait l'argent aux spectateurs qui en manifestaient le désir. Ne fait-on plus de même aujourd'hui ?

Est-il vrai que, contrairement aux usages, les dames peuvent s'asseoir aux fauteuils d'orchestre pendant les représentations du dimanche ou du samedi? Cette mesure, qui ne serait prise que pour louer le plus de fauteuils d'orchestre possible, outre qu'elle a le tort de faire de l'Opéra un théâtre secondaire, jette encore dans l'embarras les étrangers, qui, s'imaginant avoir la possibilité de mener les dames à l'orchestre les lundi, mercredi et vendredi, louent leurs places en conséquence, et s'exposent à se voir impitoyablement refuser l'entrée des fauteuils qu'ils ont loués sans qu'on leur donne aucune compensation, puisqu'il n'y a jamais de réserve et que le directeur intime l'ordre au contrôle de ne jamais rendre l'argent ?

Est-il vrai, lorsque toutes les places sont louées dans la salle, qu'une personne quelconque ait le droit d'entrer pour 2 fr. 50 c., en prenant ce qu'on appelle un billet de circulation, et qu'elle achète ainsi le droit de circuler dans les couloirs et d'assimiler l'Opéra aux Folies-Bergère ? Nous nous abstenons d'en dire davantage.

Scrupuleux observateur du règlement sur les théâtres, l'éminent architecte, M. Garnier, s'était bien gardé de mettre des strapontins dans la salle. Nous demanderons à M. Halanzier s'il eût souci de la dignité de l'Opéra, en faisant établir, quinze jours après l'ouverture du théâtre, au moins soixante-dix strapontins, répartis aux différents étages et loués aussi cher que les autres places, puisque les strapontins placés au premier amphithéâtre et qui gênent la circulation se vendent 17 fr. en location et 15 fr. aux bureaux du soir.

Nous avons entendu beaucoup d'étrangers faire la remarque que les places au nouvel Opéra de Paris sont sensiblement moins confortables que celles de San-Carlo, de la Scala, de la Fenice et des opéras de Vienne et de Madrid ; la faute en est à M. Halanzier, qui a su se substituer, pour son plus grand intérêt, à M. Garnier. Lorsque les places furent soumises au directeur de l'Opéra, il trouva les loges et les stalles beaucoup trop spacieuses et, par suite, en trop petit nombre ; on ajouta une rangée aux fauteuils d'orchestre, plus un fauteuil de chaque côté à tous les rangs ; les trois entrées primitives du parterre furent réduites à une seule, afin de pouvoir installer une baignoire sur chacune des entrées de côté ; les loges du troisième étage, construites primitivement pour contenir six personnes, durent en accepter huit, — et sans se plaindre. Problème à résoudre : payer le plus cher possible pour être le plus mal possible. Solution : mettre huit personnes où il en peut tenir six. Premier prix de mathématiques *spéciales* décerné à l'élève Halanzier, qui promet de devenir un maître.

N'est-ce pas aussi à M. Halanzier que revient la paternité de cette idée malheureuse d'avoir fait placer l'orgue dans la loge du 3º étage sur la scène, au lieu de le mettre au deuxième, comme à la rue Le Peletier? Les sons de ce splendide instrument se perdent dans les frises, il est vrai, mais la loge du dessous a un beau salon qui rapporte de beaux écus.

Enfin, c'est pour satisfaire aux exigences du même M. Halanzier que, quand il fallut agrandir l'orchestre, au lieu de prendre sur l'espace réservé aux fauteuils d'orchestre, on préféra reculer le proscenium de 0^{m}90, aux dépens de l'effet acoustique et au détriment de la voix des chanteurs, chose tout à fait secondaire dans un théâtre de musique.

Voilà des faits, des faits qui sont devenus autant de défauts à peu près irrémédiables, à moins de dépenser encore et toujours; et on voudrait nous contester le droit incontestable que nous avons de déplorer l'influence fatale du directeur actuel? Allons donc! Nous répétons bien haut que M. Halanzier n'a jamais cessé de faire bon marché de la dignité de l'Opéra, et a toujours eu en vue son intérêt personnel. Nous faisons mieux que de le dire; nous le prouvons.

Et maintenant, messieurs les députés, votez la subvention d'un cœur léger; conservez M. Halanzier dans son privilége, et tâchez d'oublier que la France a dépensé 60 millions pour construire l'Opéra; que les Garnier, les Baudry, les Carpeaux, les Dubois, les Pils, les Carrier-Belleuse ont, pendant quinze ans, prodigué leur génie afin d'en faire une merveille ; tâchez d'oublier aussique l'Académie de musique est en décadence, que les traditions s'y perdent, que bientôt son glorieux passé vivra à l'état de souvenir, que son admirable répertoire va manquer d'interprètes; tâchez d'oublier tout cela, mais, pour Dieu! souvenez-vous de M. Halanzier — que nous avons diffamé*!*

LE CAS DE M. HALANZIER

(*EXTRAIT DE LA* PRESSE *DU 5 DÉCEMBRE* 1876)

Voici tantôt cinq mois que M. Halanzier, pris du désir bien naturel de conserver sa subvention, nous envoyait, à la veille de la discussion du budget des beaux-arts, une assignation à comparoir devant les tribunaux civils pour nous entendre traiter de diffamateur et être convaincu, à notre courte honte, d'avoir dépassé les limites de notre mandat de journaliste (1). M. Halanzier, ne voulant pas répondre qu'il n'avait rien à répondre, et comprenant néanmoins le danger qui pouvait résulter d'un silence dont la Chambre, souveraine dispensatrice des subventions, tirerait peut-être toutes sortes de commentaires plus ou moins désobligeants, M. Halanzier, disons-nous, se rappela à temps que le meilleur moyen de ne pas se laisser accabler par une situation, c'est de la dominer, et son *eureka* se manifesta par une citation devant les tribunaux civils, laquelle citation se trouva être un pur chef-d'œuvre dans l'art essentiellement opportun de parler pour ne rien dire. De griefs sérieux, point ne fut question ; on se contenta de rester dans les généralités, si bien que la poursuite, dirigée contre nous par M. le directeur de l'Opéra, parut, aux yeux des moins clairvoyants, fondée sur cette maxime quelque peu étrangère au domaine juridique : *Toute vérité n'est pas bonne à dire.*

Enfin il n'en fallait pas davantage, momentanément du moins, pour donner à la question de l'Opéra un semblant de solution, la Chambre se trouvant dès lors en présence d'un homme qui s'était pourvu devant les tribunaux avec une certaine crânerie, parente — éloignée selon nous — d'une conscience irréprochable.

Et voilà comment le cas de M. Halanzier fut jugé moins pendable par nos législateurs.

Mais chaque jour écoulé nous rapproche un peu plus de ce procès que nous appelons de tous nos vœux, et dont la lumière devra jaillir éclatante, si tant est qu'il soit possible aujourd'hui de promener dans les questions d'art un *flambeau* investigateur, sans se heurter incontinent au *boisseau* du bureau des théâtres ; il importe donc de rappeler sommairement les trois études que nous avons consacrées dans la *Presse* à la gestion actuelle de l'Opéra, comme aussi de citer ceux de nos confrères qui, avant nous, avaient dit la vérité sur ce bel établissement artistique, qu'on a donné tout neuf à M. Halanzier, et dont il ne sait

---

(1) Se reporter à l'exploit publié dans les colonnes de la *Presse* du 26 juillet, le lendemain même de la signification.

que saper les fondations sous les coups répétés de sa pioche de démolisseur vandale D'ailleurs, nous tenons à faire la part belle à M. le directeur de l'Opéra; nous parlons sans ambage pour lui faciliter les réfutations, et, dans la crainte, qu'absorbé par les récents succès de ses reprises de *Don Juan* et de *Jeanne d'Arc* il ne vienne à perdre de vue le procès qui nous intéresse tous, nous mettrons les points sur les *i*, en soulignant pour ainsi dire les arguments spéciaux sur lesquels devra porter principalement la discussion contradictoire.

Les 6, 8, 11 et 13 décembre 1874, c'est-à-dire quelques semaines avant l'ouverture du nouvel Opéra, le journal la *Liberté* signalait à ses lecteurs les nombreux griefs qu'on pouvait, dès cette époque, reprocher au directeur actuel de notre Académie de musique. Ces griefs, beaucoup moins graves pourtant que ceux que nous avons fait connaître dans nos articles des 18 juin, 16 juillet et 6 août derniers, semblèrent néanmoins assez sérieux à la commission consultative pour qu'elle agitât la question de la rupture éventuelle du contrat du directeur avec l'Etat. Notre intention n'est pas de reproduire les articles de la *Liberté*, notre propre fonds nous suffit. Nous nous contenterons de relever qu'à la date du 8 décembre 1874 le directeur du journal dont il s'agit écrivait, qu'ayant rencontré la veille « une personne que sa position offi-
» cielle devrait pourtant rendre bien in-
» formée, cette personne lui soutenait,
» avec une persistance et une conviction
» qui l'avaient étonné, que la subvention
» de l'Opéra était de 600,000 fr. et non de
» 800,000, mais qu'ayant eu recours au
» cahier des charges de l'Opéra, il avait
» reconnu que le doute n'était pas permis
» et que la subvention était bien de
» 800,000 fr. »

Ce même fonctionnaire — qui connaît son métier, comme on voit — voulait nous prouver dernièrement encore que nous avions tort de prendre les intérêts lésés de notre Académie de musique contre M. Halanzier, et nous affirmait que ce directeur était le seul qui suivît exactement les prescriptions de son cahier des charges. Nous n'avons pas insisté, nous contentant de retenir ce qu'il nous importait de savoir : que ce personnage officiel ignore, ou feint d'ignorer, ce dont il devrait avoir connaissance. Mais nous, qui n'occupons ni position officielle, ni haute fonction au ministère, qui, conséquemment, ne sommes pas payé par l'Etat pour défendre les intérêts de l'Etat, c'est-à-dire les intérêts de tous, nous affirmons, avec le seul désir de faire connaître la vérité, que l'Académie de musique est près de sa perte, et que le directeur actuel doit être responsable de cette perte, non-seulement à cause de son incapacité notoire, mais encore et surtout parce que, depuis cinq ans, il semble n'avoir eu d'autre souci que son intérêt personnel, en violant les principaux articles de son cahier des charges.

L'article 1er n'a jamais été observé. Nous soutenons, en effet, que la dignité de l'Opéra est compromise avec ce qu'on appelle les billets de circulation, avec les strapontins, vendus aussi cher que les autres places et qui gênent la circulation ; avec les billets de location simplement datés, pour éviter de rendre au public l'argent qu'un changement brusque de spectacle le met en droit de réclamer (1) ; avec les cachets gagnés par les employés pendant les représentations à bénéfice et que le directeur retient pour lui en dépit des règlements et des anciens usages, avec la parcimonie qui fait éteindre le gaz dans le foyer du public et les galeries, une demi-heure avant la fin du spectacle ; avec la spéculation faite sur les appointements de certains artistes, spéculation signalée par le journal la *Liberté*, le 8 et le 13 décembre 1874, etc., etc...

Nous affirmons que l'Opéra « ne s'est pas toujours distingué des autres théâtres par le choix des œuvres modernes qui y furent représentés, par le talent des artistes et la science de la mise en scène, » puisque depuis cinq ans, le directeur n'a su monter à *ses frais*, que la *Coupe du roi de Thulé* et *Jeanne d'Arc*, alors que nous avons applaudi sur d'autres théâtres des œuvres telles que *Dimitri*, *Aïda*, *Paul et Virginie*, à Paris, et *Pétrarque*, en province ; puisque les principaux artistes ont quitté l'Opéra *par la faute de M. Halanzier*; puisque ce même M. Halanzier n'a prouvé dans la réfection du répertoire que mauvais goût, quant au choix des costumes, ignorance dans l'art de grouper les masses, et par suite complète impuissance de se trouver au niveau du talent des peintres décora-

---

(1) Voir à ce sujet une lettre qui a paru dans le journal le *XIXe Siècle*, en date du 21 février 1876.

teurs dont il a ainsi annihilé les plus admirables effets de perspective.

C'est en vertu de tous ces griefs que nous sommes en droit d'affirmer, malgré tous les fonctionnaires du ministère des beaux-arts, que l'article 1er du cahier des chargés de l'Opéra n'a jamais été respecté, et que nous avons revendiqué l'application de l'article 91 au moyen duquel le ministre a le droit d'exiger la démisson du directeur « si un seul des articles du cahier des charges n'est pas rempli, et notamment les articles 1 et 9. »

Nous écrivons pour la quatrième fois que, du 1er janvier au 31 décembre 1872 et du 1er janvier au 31 décembre 1875, aucune œuvre nouvelle ne fut représentée sur la scène de l'Opéra ; par suite, l'article 9 fut violé deux années sur quatre. Nous attendons qu'on vienne nous prouver le contraire, sans quoi nous avons le droit de dire que si M. le directeur de l'Opéra est excusable (aux yeux du ministère seulement) d'être fort ignorant en l'art de la mise en scène, il ne peut être excusable de ne pas vouloir lire, et encore moins de ne pas savoir comprendre ce que contient le cahier des charges qu'il a signé, et juré d'observer.

Nous affirmons de même que l'article 35 n'a pas été respecté davantage, puisque certains décors et bon nombre de costumes ont servi dans des pièces différentes, et nous attendons que monsieur le haut fonctionnaire dont nous avons déjà parlé, ou M. le chef du bureau des théâtres, veuille bien nous donner la preuve que les artistes du Conservatoire ont eu à leur disposition, du 16 janvier au 10 novembre 1874, la loge à laquelle ils ont droit, ou bien nous allons crier encore à la violation de l'article 58.

Et l'article 57, en quelle langue est-il donc écrit ? — En hébreu ou en caractères cunéiformes sans doute, pour que M. Halanzier ait cru pouvoir dissimuler une partie des recettes du théâtre, et frustrer le droit des pauvres, en ne faisant jamais figurer sur les contrôles les deux loges de la scène, dont nous avons parlé dans nos précédents articles, et qui rapportaient 18,000 fr. par an. Et les fauteuils d'orchestre nos 99, 101, 103, 138, 140, 142 : pourquoi sont-ils devenus la propriété particulière de M. Halanzier ? Mystère et violation de l'article 57.

Mais l'Assistance publique veillait, et, grâce à nos révélations, elle est venue, armée de l'article 57, réclamer énergiquement les sommes qui lui étaient dues. M. le directeur de l'Opéra a payé. L'administrateur, qui, depuis cinq ans, taille, rogne, coupe en liberté, l'homme qui mène tranquillement l'Opéra à sa perte sous l'œil paternellement bienveillant du bureau des théâtres, celui qui a déjà disposé de cinq subventions de 800,000 fr., d'un subside de 609,200 fr. pour aider à son exploitation en 1874 et de 2,400,000 fr. pour la réfection du répertoire, soit en tout plus de 7 millions en cinq ans, a trouvé dur de s'entendre réclamer une misérable somme destinée à soulager quelques infortunes ; il a fallu, pour le décider, la menace d'un procès que l'Assistance publique était résolue à faire.

Quoi qu'il en soit, nous sommes heureux d'avoir obtenu ce résultat en faisant connaître à l'Assistance publique ce qu'elle était en droit de réclamer, mais nous ne comprendrons jamais — et personne ne comprendra — que des fonctionnaires, grassement payés pour surveiller, défendre, sauvegarder les intérêts de l'Etat, s'obstinent à ne point voir ce qui est, à encourager ce qui est à blâmer, sans paraître se douter que leur inconcevable longanimité les compromet, en même temps que le directeur, dont ils devraient être les surveillants officiels.

Comment peut-il se faire que chaque pièce remise au répertoire ait coûté en moyenne 240,000 fr., quand tous les gens pratiques pensent avec nous que 170,000 fr. était un chiffre suffisant ? Nous posons la question à M. le conservateur du matériel, dont le titre indique assez la fonction. Nous ne lui faisons pas l'injure de croire qu'il ne sait pas son métier ; c'est pourquoi nous lui faisons remarquer qu'il était du plus grand intérêt pour l'Académie de musique d'exercer une surveillance rigoureuse sur les fonds versés par le gouvernement, afin de dépenser le moins possible pour chaque pièce, ce qui eût permis d'en monter un plus grand nombre. Car, en affectant une somme de 240,000 fr. à un seul ouvrage, le répertoire ne comprendra que dix opéras tout montés ; au contraire, si l'on n'avait dépensé que 170,000 fr. pour chacune des œuvres, l'une dans l'autre. le répertoire se trouverait riche de quatorze pièces et pourrait largement suffice, avec les nouveautés, lorsque le monument n'attirera plus par lui-même. Cette époque n'est pas aussi éloignée qu'on pourrait le croire : nous savons, de source certaine, que les recettes baissent terriblement à l'Opéra, celle du vendredi 24 courant n'a pas atteint 14,000 fr. Où sont les 22,000 francs d'antan ?

Les dépenses ont donc été excessives et mal équilibrées. Nous ne regarderons jamais comme sérieuse une comptabilité qui, pour la même dépense, nous donne d'abord le chiffre de 2,333,394 fr. 88 c., puis la somme de 2,326,662 fr. 82 c., et enfin le total de 2,150,680 fr. 33 c., qui est le plus près de la vérité (voir notre deuxième article, 16 juillet). Nous ne demandons certes pas mieux que de voir réfuter ces trois chiffres contradictoires; mais malheureusement nous avons en mains les preuves qu'en trois fois différentes, ils ont été fournis par M. Halanzier *lui-même*, et, quelle que soit l'habileté de M. le directeur de l'Opéra, nous le mettons au défi de nous prouver que 2 et 2 font 5.

C'est pour cette raison que nous ne pouvons accepter le chiffre de 651,000 francs, comme expression exacte du bénéfice réalisé pendant l'exploitation 1875. Quelles furent d'abord les dépenses? Se chiffrent-elles par la somme de 3,595,510 fr. 64, comme l'écrivait M. Halanzier dans son mémoire (lequel a été publié par le journal l'*Echo* du 6 juin 1876)? ou bien avec 3,652,292 fr. 84 comme le constatent les livres de la comptabilité de l'Opéra que nous avons vus et compulsés ? L'une ou l'autre hypothèse ne peut nous satisfaire, et d'ailleurs ni l'une ni l'autre n'arrivent au résultat de 651,000 pour les bénéfices de 1875, à moins qu'en vertu d'un nouveau système les bénéfices ne s'obtiennent plus en retranchant les dépenses des sommes encaissées.

Voici, en effet, D'APRÈS LES LIVRES DE L'OPÉRA, le détail des frais qui amènent au total de 3,652,292 fr. 84 c. pour les dépenses de l'année 1875 ; nous mettons en regard le détail exact des dépenses de l'année 1872 (ancien Opéra). Chacun pourra juger sur quels points portent surtout les exagérations pour l'année 1875. Rappelons seulement que nous avons prouvé, dans nos précédents articles, que les dépenses de 1875 n'auraient pas dû excéder celles de 1872 d'une somme supérieure à 640,000 fr. Nous maintenons, bien entendu, notre assertion.

RECETTES ET DÉPENSES DE L'OPÉRA
EN 1872 ET EN 1875

DÉPENSES

Personnel.	1872	1875
Administration........	25.028 50	37.628 68
Scène................	28.395 85	73.048 55
Chant................	580.080 10	1.066.610 55
Danse................	151.774 90	230.075 54
Chœurs..............	126.683 85	167.466 »
Corps de ballet......	73.880 40	91.631 15
Orchestre...........	185.286 45	219.498 75
Salle et théâtre......	28.941 70	41.660 91
Costumes............	72.730 35	94.094 50
Décorations..........	123.414 72	162.215 25
Figuration...........	24.712 20	35.870 95
Directeur (M. le).....	27.795 20	24.999 20
Matériel.		
Affiches et affichages.	19.750 55	29.786 20
Lutherie et copie de musique...........	7.965 65	11.284 85
Décors et entretien...	53.598 14	54.973 74
Accessoires et entretien.............	» »	32.380 44
Costumes et entretien.	145.301 »	115.085 80
Frais de justice.......	394 35	» »
Police et sûreté......	25.031 »	35.362 90
Droit des indigents....	148.428 97	314.020 59
Honoraires d'auteurs..	104.244 82	226.349 05
Chauffage...........	18.000 »	54.857 65
Éclairage............	102.350 »	289.046 51
Assurances et contributions............	17.134 10	42.983,77
Représentations à bénéfice............	17.939 60	57.883 21
Caisse des pensions...	» »	» »
Dépenses imprévues..	7.637 80	48.616 21
Habillement.........	2.035 55	5.623 95
Frais de bureau......	3.136 95	12.569 10
Entretien des bâtiments	29.008 13	76.669 37
Total des dépenses..	2.150.680 32	3.652.292 84

RECETTES

	1872	1875
Subvention de l'État..	800.000 »	800.000 »
Abonnements........	561.607 65	1.124.164 33
Recettes journalières.	1.051.021 84	2.255.029 82
Représentations à bénéfice............	13.398 »	104.891 68
Loyers et produits divers................	22.102 05	19.851 30
Bals et concerts......	» »	1.020 80
Total des recettes...	2.448.129 54	4.304.957 93

Laissons de côté, pour un instant, l'année 1872, ainsi que les réflexions que nous pourrions faire sur les dépenses de 1875, mises respectivement en regard des dépenses de 1872, pour nous occuper de l'année 1875 inclusivement, avec les chiffres Halanzier.

Si nous retranchons de 4,304,957 93, chiffre des recettes, 3,652,292 84, chiffre des dépenses, nous obtenons 652,665 09 pour le bénéfice même de l'année 1875, chiffre qui diffère trop peu des 651,000 fr., annoncés par M. Halanzier, pour que nous élevions la moindre contestation.

Mais, en admettant que 3,652,292 fr. 84 représentent la dépense, il nous est impossible d'admettre que 4,304,957 fr. 93 puissent être considérés comme le total exact des recettes. En effet, le chiffre de 3,379,194 fr. 15, résultat de 1,124,164 22 + 2,255,029 82 que M. Halanzier nous affirme être celui des recettes produites par la vente aux bureaux, par la location et les abonnements, est entaché d'une erreur en moins de 55,218 fr. 28, puisque les recettes atteignirent, en 1875, la somme de 3,434,412 fr. 43, laquelle est supérieur à 3,379,194 fr. 15 des 55,218 fr. 28 que nous signalons. Par conséquent, en supposant que les autres chiffres fussent rigoureusement exacts (ce que nous nions) le bénéfice deviendrait égal à 652,665 09 + 55,218 28 = 707,883 37.

Enfin, si au lieu de choisir 3,652,292 fr. 84 c. comme chiffre des dépenses de 1875 nous prenons 3,595,510 fr. 64, comme nous en avons le droit, puisque M. Halanzier signe lui-même ce chiffre dans l'*Echo* du 6 juin, il se trouve que le bénéfice de 1875 devient égal à 707,883 fr. 37, augmenté de la différence de 3,652,292 fr. 84 (premier chiffre de dépenses annoncé par M. Halanzier) avec 3,595,510 fr. 64 (second chiffre de dépenses inscrit par le même mathématicien), c'est-à-dire égal à

707,883 37 + 56,783 20 = 764,665 57

Donc, la part de l'Etat, co-partageant par moitié, en rétablissant les recettes telles qu'elles doivent être, ET EN ADMETTANT LE CHIFFRE FORT EXAGÉRÉ DES DÉPENSES, *cette part n'est plus de 326,332 fr. 54 c., mais est bien égale à 382,332 fr. 78 c., et par suite, de 56,000 fr. supérieure à celle qu'il a reçue.* Nous défions qu'on nous prouve le contraire, car si M. le directeur de l'Opéra, aidé de son chef de comptabilité, peut faire miroiter à nos yeux des chiffres fantastiques pour certaines dépenses, il n'en est pas de même pour les recettes que chacun peut contrôler, puisqu'elles sont vérifiées par les employés de l'Assistance publique et viennent à l'agence des auteurs.

Ce n'est pas la première fois, d'ailleurs, que M. Halanzier commet semblable erreur. Une chose nous étonne toutefois : comment se fait-il que cette erreur sur le total des recettes se produise toujours en moins, c'est-à-dire de manière à faire paraître les bénéfices plus faibles qu'ils ne le sont en réalité ? Nous nous plaisons à croire que M. Halanzier n'agit pas ainsi avec intention, et nous aimons mieux supposer que le directeur de l'Opéra est aussi fort sur le calcul *intégral* que sur la science de la mise en scène.

Si nous examinons maintenant les dépenses respectives de 1872 et de 1875, nous arrivons à des résultats fabuleux, et tels que l'imagination la plus féconde en pourrait seule rêver en ses jours de délirante fantaisie... Voyez-vous la troupe chantante, *celle que vous connaissez* (il n'est question ni des chœurs ni de l'orchestre) coûtant en 1375 *quatre cent quatre-vingt-six mille cinq cent trente francs et quarante-cinq centimes de plus* qu'en 1872 ! Pouvez-vous croire que les ballets et la danse se soldent par une dépense de 100,000 fr. de plus qu'à l'ancien Opéra ? Pourquoi 10,000 fr. de frais de plus d'affichage, si l'on considère que les affiches ne coûtèrent en 1869 (direction Perrin) que 13,417 fr. 75, soit 16,368 fr. 45 c. de moins qu'en 1875 ? L'augmentation du papier et les droits de timbre ont bon dos ! Comment se fait-il que, *l'année de l'inauguration de l'Opéra*, les décors tout neufs aient exigé 55,000 fr. d'entretien et les costumes 115,000, costumes flambants neufs également ?

Et ces accessoires — de véritables chevaux à l'écurie, parole d'honneur ! — ils n'avaient rien coûté en 1872 pas plus qu'en 1869 d'ailleurs. Mais vous me direz qu'ils étaient vieux ; maintenant qu'ils sont neufs, c'est autre chose ; ils ont l'honneur de coûter à leur infortuné propriétaire 32,380 fr. d'entretien. *Poor* Halanzier ! Apercevez-vous ces frais de bureau *quadruplés* au nouvel Opéra ; et ce bâtiment tout neuf qui se permet, pour sa première année, 76,669 francs de dégradations ! Ces murs de l'Opéra sont sans vergogne ; ils vous ont comme cela un air de colosse bien portant. Pure illusion ! On n'est occupé qu'à les étayer. Mais alors, ou M. Garnier est un bien détestable architecte, et nous admettons les 76,669 francs, ou M. Garnier est l'homme habile que chacun sait et nous ne comprenons plus les 76,669 fr. Mais voici le bouquet de ce feu d'artifice *éblouissant* : Que dites-vous de cette maison, avantageusement connue sur la place de Paris, sous le nom d'*Académie commerciale de musique, qui ne prévoit pas 48,616 fr. 21 c. de faux frais ?* En 1869, M. Perrin inscrivait au chapitre des dépenses imprévues 627 modestes francs et 72 centimes... Les temps sont durs aujourd'hui...

N'insistons pas, nous ne sommes point assez barbare pour crever plus longtemps les yeux de nos lecteurs.

Après avoir prouvé que les dépenses faites par M. Halanzier demeurent inexplicables, tant elles sont exagérées, il nous faut cependant reconnaître que ce directeur a su réaliser une économie importante en sautant avec désinvolture par dessus les articles 74, 188 et 270 du règlement de 1821. Si nous nous reportons à ces intéressantes dépenses comparées de 1872 et 1875, nous voyons qu'à l'article *caisses et pensions*, les chiffres sont remplacés par des guillemets, tandis qu'en 1869 il nous faudrait inscrire une somme de 30,000 fr. pour ces pensions.

Puisque, de date immémoriale, aucune direction n'avait failli au devoir de solder ces 30,000 fr. par des représentations à bénéfice, pourquoi la direction actuelle s'est-elle toujours dispensée de se soumettre à cet antique usage ! Il nous est impossible de répondre à cette question, à moins de supposer que les 27,795 20 d'appointements que M. Halanzier se distribue en 1872, ainsi que les 24,999 20 dont il se gratifie en 1875, ne remplacent, aux dépenses, ce que les précédents directeurs laissaient généreusement aux artistes retraités. Mais, ce nous semble, M. Halanzier administre l'Opéra à ses risques et périls ; il gère seul son exploitation ; alors pourquoi se donne-t-il 25,000 francs d'appointements annuels ? Sommes-nous donc en présence d'une *Société anonyme*, dont la raison sociale serait *Halanzier et Cⁱᵉ* ? Renvoyé à qui de droit

Ce qui précède prouve, sans réfutation possible, que tout ce que nous avons avancé dans nos précédents articles était l'expression la plus exacte de la vérité. Nos articles, nous le savons, ont été lus par MM. les députés qui font partie de la commission du budget, et ils ont été communiqués à M. le ministre des beaux-arts ; mais les membres de la commission ne voulurent pas, dans leur sagesse, retirer une subvention dont la suppression eût eu pour effet de porter le dernier coup à l'Académie de musique. Nous savons encore, *et nous sommes autorisé à dire*, que M. le ministre fut entièrement de l'avis de la commission, et déclara qu'aussitôt la subvention votée, on sévirait avec rigueur et qu'on ferait *tous les changements* devenus nécessaires pour ramener l'Opéra au niveau artistique dont il n'a cessé de s'éloigner depuis cinq ans.

Qu'attend-on alors ? Pourquoi laisse-t-on les choses en l'état ? M. le ministre des beaux-arts ne sait-il plus la vérité ? En présence d'une pareille longanimité, nous avons le droit de faire toutes les suppositions pour expliquer la persistante protection que l'on accorde à un directeur qui ne laissera (nous le prouverons dans de prochains articles) que ruine probable et tâche impossible à ses successeurs.

Terminons par une anecdote de la plus rigoureuse exactitude...

Au mois de mai 1874, un brave homme, nommé Ruffler, employé comme gardien de l'une des portes de communication de l'Opéra, fut compromis dans une affaire et incarcéré. Complétement innocent, il était relâché quelques semaines plus tard et venait reprendre sa place à l'Opéra ; M. le directeur lui fit dire par un chef de service que, *pas plus que la femme de César* (sic), les employés de l'Académie de musique ne devaient être soupçonnés, et que, conséquemment, il ne pouvait le maintenir dans son poste. Ce brave homme est mort depuis.

Or, nous avons prouvé qu'il était possible de ne pas être d'accord avec la comptabilité de M. Halanzier au sujet des recettes et des dépenses de 1875, du bénéfice qui revient à l'État, comme aussi à l'endroit de l'emploi des 2,400,000 fr., votés pour la réfection du répertoire. Nous pensons donc qu'il est de l'intérêt même de M. Halanzier d'exiger une enquête générale sur sa gestion ; enquête faite par quatre personnes, dont deux seraient choisies par nous, et aidée d'un inspecteur des finances. Cette proposition nous paraît d'autant plus opportune que c'est le 1ᵉʳ janvier 1877 que l'État doit toucher la part lui revenant dans les bénéfices réalisés depuis deux ans. Que peut redouter, en effet, M. le directeur de l'Opéra, si jaloux de l'honorabilité de l'Académie de musique... quand il s'agit d'un de ses employés ?...

Que nous soyons convaincu de nous être trompé, et ce jour-là, dût sa modestie en souffrir, nous proclamerons hautement que M. Halanzier avait mille fois raison, qu'il est le plus grand directeur des temps passés, présents et futurs, et que la prospérité artistique de l'Opéra a, à l'heure où nous écrivons, atteint son apogée... Jusque-là...

(*EXTRAIT DE LA* PRESSE *DU* 17 *DÉCEMBRE* 1876)

DEUXIÈME ARTICLE

Avant de signaler les causes qui prouveront sans réplique que, si le directeur actuel de l'Opéra est maintenu dans ses fonctions jusqu'au 1ᵉʳ novembre 1879, il laissera après lui ruine certaine et tâche impossible pour ses successeurs, nous voulons satisfaire la légitime curiosité de ceux de nos lecteurs qui nous demandent de nouveaux détails sur cette comptabilité aux surprises inépuisables, et dont M. Halanzier est l'inventeur breveté.

Nos articles nous ont valu, en effet, plusieurs lettres, fort peu gracieuses — nous devons l'avouer — pour l'administration de l'Opéra. Les unes se contentent de récriminer, en restant dans les généralités artistiques ; les autres font *chorus* avec nous, en employant des expressions qu'il nous répugnerait de reproduire. Une seule va droit au but. Sa logique nous a frappé. C'est au nom du bon sens dont elle est la plus irrécusable expression que nous demandons la permission de la transcrire ici :

« Monsieur le rédacteur,

» Plusieurs de mes amis et moi avons lu
» fort attentivement les articles successifs
» publiés dans le journal la Presse sur
» l'exploitation actuelle du théâtre que
» vous nommez si justement *Académie*
» *commerciale de musique*.

» Il nous est impossible de comprendre
» (surtout puisqu'il s'agit de chiffres) qu'on
» soit assez oublieux de sa propre dignité
» pour laisser de telles publications sans
» réponse.

» Elles sont donc vraies ?... Mais alors
» comment admettre l'oubli de l'article
» nº 91 que vous citez, et la mansuétude
» du ministre envers le bureau des théâ-
» tres ? Si ces attaques sont injustes au
» contraire, nous pensons que votre jour-
» nal doit recevoir un avertissement sé-
» vère, avec preuves que cet avertissement
» a sa raison d'être.

» Veuillez agréer, monsieur le rédac-
» teur, etc. »

Notre honorable correspondant a cent fois raison. Nous consentons à recevoir l'avertissement le plus sévère si l'on parvient à nous prouver que M. Halanzier a toujours observé strictement son cahier des charges ; sinon, en présence de la décadence rapide de notre première scène lyrique, nous sommes en droit de demander l'application immédiate de l'article 91 — le remède à côté du mal — et de manifester le plus profond étonnement sur la persistante protection du bureau des théâtres envers une administration qu'il a pour devoir d'avertir quand elle oublie les clauses de son contrat.

Nous confesserons notre ignorance en la science pratique du théâtre et nous admettrons le haut savoir de M. Halanzier, si M. le conservateur du matériel veut nou prouver, *après l'enquête que nous avons demandée*, que les pièces du répertoire ont exigé 240,000 fr. de dépenses l'une dans l'autre, et que les dépenses de 1875 ont atteint le chiffre inouï de 3,652,292 fr. 84. Dans le cas contraire, il nous sera permis de crier sur tous les tons que les millions, confiés à l'administration de l'Opéra, ont été singulièrement gaspillés, et l'on voudra bien, ce nous semble, nous laisser déplorer une prodigalité qui prive le répertoire appauvri de l'Opéra d'un certain nombre de pièces indispensables à sa prospérité future.

Mais si l'enquête est utile pour établir la preuve qu'il était absolument nécessaire de dépenser 3,652,292 fr. 84 c., en l'an de grasses recettes 1875 (alors que l'année 1872 avait exigé seulement 2,150,680 fr. 33, soit 1,501,612 fr. 51 c. de moins), elle devient inutile quant aux sommes encaissées. Ici nous sommes en présence d'un nombre positif, facile à connaître, puisque chacun peut se donner la peine — ou le plaisir — de le contrôler à l'Assistance publique. L'imagination n'a plus à se mettre en frais. Nous avons relevé nous-même, une à une, les recettes réalisées à l'Opéra en 1875 ; ce travail accompli, nous avons mis notre total en regard de celui vérifié par l'Assistance, et les deux totaux se sont trouvés exactement les mêmes.

Donc, nous *soutenons* que les abonnements et les recettes journalières de l'Opéra atteignirent, l'année dernière, 3,434,412 fr. 43 c., chiffre supérieur de 55,218 fr. 28 c. à celui de 3,379,194 fr. 15 c. qu'annonce M. Halanzier. Par suite, la part de l'Etat co-partageant par moitié, devient, comme nous l'avons prouvé, de 27,669 fr. 14 c. supérieure à celle qu'il doit recevoir, si l'on admet le chiffre de 3,652,292 fr. 84 c. inscrit sur les livres de l'étonnante comptabilité qui nous occupe, et s'augmente de 56,000 francs 24 c., si l'on adopte la somme annoncée par le directeur dans son fameux mémoire de juin dernier.

N'est-il pas incroyable que l'on ne puisse savoir à quoi s'en tenir sur un sujet si palpitant d'actualité, puisque c'est dans quelque semaines que se fera le partage des bénéfices accumulés depuis deux ans. Le bureau des théâtres, qui, le lendemain de chaque représentation, *reçoit sous pli cacheté le montant de la recette*, ne s'est pas aperçu d'une erreur EN MOINS de 55,218 fr. 28 ; nous le voulons bien ; mais comment expliquer l'indifférence de l'Etat c'est-à-dire du ministère des beaux-arts, quand nous lui offrons une prime de 56,000 fr., chiffre rond ? Est-il donc trop riche, pour refuser ainsi l'entrée de ses coffres à qui ne demande qu'à les remplir ? Si oui, saluons ce sage, ce philosophe détaché, qui méprise les présents que devrait lui faire Artaxerxès *Longue-main*. En attendant, doutons.

Et, nous l'avons dit, ce n'est pas la première fois que le calcul arithmétique de M. Halanzier commet sur le total annuel des recettes une méprise capable de faire paraître les bénéfices plus faibles qu'ils ne le sont en réalité. En effet, si nous nous reportons à l'année 1872 (voir notre article du 5 décembre), nous remarquons que la somme des recettes, annoncées par le directeur, est égale à 561,607 fr. 65 + 1 million 051,021 fr. 84 = 1,612,629 fr. 49, tandis qu'en réalité ce total fut de 1,666,217 francs 68, supérieur de 53,588 fr. 19 au précédent. Pourquoi ?...

Quelques-uns de nos lecteurs, en se reportant à notre article du 16 juillet, pourraient supposer que nous avons nous-même commis une erreur capitale en inscrivant le chiffre de 1,681,404 fr. 15 comme représentant les recettes de 1872, quand nous avons aujourd'hui la somme de 1,666,217 francs 68. La différence provient de ce qu'à ce dernier nombre il faut ajouter 15.186 francs 47, provenant des représentations à bénéfice. Nous retrouvons alors notre total de 1,681,404 fr. .15.

Et puisque nous parlons *bénéfice*, arrêtons-nous un instant sur cette question. Nous avons déjà fait remarquer que, malgré les art. 113, 230, 277 du règlement, le directeur se permettait de compter dans la liste des frais payés par le bénéficiaire, les cachets revenant aux employés, et dont il garde d'ailleurs le montant. Or, il est d'usage, quand un bénéfice est affiché, fût-ce au théâtre Saint-Pierre ou à Batignolles, que le bénéficiaire paie *seulement* les frais matériels ; si les employés du théâtre réclament *par hasard* un salaire, ce salaire est touché par le directeur qui le remet lui-même à chaque employé.

Nous n'avons pas besoin d'insister davantage. Nous savons que l'Opéra est partout, excepté à Paris. Mais nous sommes aise d'offrir à nos lecteurs le régal du détail complet des frais réclamés par M. Halanzier à l'occasion d'une des quatre représentations à bénéfice données sur le théâtre de l'Académie de musique pendant le cours de l'année 1875. Nous choisissons, par exemple, la représentation organisée le 30 mai, au profit des *Pupilles de la guerre*. Il est curieux de voir comment M. Halanzier participe aux bonnes œuvres.

État des frais de la représentation au bénéfice
DES PUPILLES DE LA GUERRE

FRAIS PROPORTIONNELS A LA RECETTE

Droits des pauvres	2.261 07
— des auteurs	1.637 65
— Rollot	70 »

APPOINTEMENTS PAYÉS AU 1/182°

Chœurs	772 30
Orchestre	1.027 84
Corps de ballet	467 35
Costumiers	452 70
Machinistes	741 03
Employés (location et scène)	318 65
Contrôle	233 34
Figuration	114 60
Balayage	130 50
Service de l'éclairage	164 83
Ventilation	131 86

FRAIS DE SOIRÉE

Costumiers (feux)	111 25
Machinistes (feux)	89 »
Comparses externes	71 »
— service du piano	24 »
Élèves de la danse	14 »
Feux de l'orchestre (externes)	35 »
Cavaillé-Coll (orgue)	80 »
Choudens (location de musique)	100 »
Consommation du gaz	1.293 »
Pompiers	116 70
Gardes	53 10
Affiches	1.270 45
Sicot (lettres aux abonnés)	23 »
Chaix et Cⁱᵉ	14 »
Pichon (impressions)	186 »
Belloir (location de chaises)	98 50
Bouquetière	125 »
Timbres poste	120
Frais de régie	28 95
Mahieur (copie)	3 »
Artistes des chœurs (indemnité de tenue de soirée)	2.245 »

FRAIS PASSÉ MINUIT

Pompiers	21 10
Gardes	52 10
Gardiens de la paix	16 10
Total	14.713 97

Ainsi voilà une seule représentation qui a coûté 14,713 fr. 97, d'après M. Halanzier, et nous ferons remarquer que les appointements des chefs de service, ainsi que ceux des artistes du chant et de la danse, n'entrent pas dans cette somme... respectable ; qu'il en est de même des frais d'entretien en général, de telle sorte que s'il fallait ajouter ces nouveaux frais à ceux dont nous venons de transcrire le menu (nous ignorons pourquoi M. Halanzier ne l'a pas fait) les 14,713 fr. 97 se trouveraient augmentés d'au moins 10,000 fr., ce qui porterait la dépense totale de la représentation à près de 25,000 francs !!! 25,000 francs chaque fois que l'Opéra joue ! A ce prix, M. Halanzier devrait être ruiné depuis longtemps. Or, il ne l'est pas : donc...

Ce total est assez démonstratif par lui-même pour que nous n'ayons pas besoin de faire ressortir le ridicule de certains chiffre inscrits au tableau que nous venons de donner. Une remarque seulement : le bénéfice des *pupilles de la guerre* ayant eu lieu le *dimanche 30 mai*, il était assez difficile de faire entrer le chauffage dans la dépense générale. M. Halanzier, *Tout un monde*, a tourné la question : Puisque je ne puis chauffer la salle, a-t-il dit, je la refroidirai. Et voyez ce que peut l'esprit de prodigalité poussé à son paroxysme : Ventilation, 131 fr. 86.

Or, l'Opéra donnant, en 1875, 182 représentations, il se trouve que 131 fr. 86 cent. × 182 = 23,998 fr. 52 cent. Voilà la ventilation de l'Académie de musique qui exige par année 24,000 francs d'*appointements*. Nous avions cru bonnement qu'une ventilation une fois installée, devait fonctionner seule et ne pouvait coûter que des frais d'entretien ; point du tout ; à l'Opéra, théâtre type, on en est encore au vieux jeu ; on engage des *vents*, comme la Porte Saint-Martin engage des *flots*. A moins alors que l'Opéra ne soit une vaste forge où le fonctionnement d'un puissant ventilateur est indispensable ; mais nous cherchons vainement la machine qui met en mouvement cet engin formidable, et nous constatons que si cette machine brille par son absence, elle absorbe en revanche une quantité de combustible vraiment incroyable !

En attendant, les pupilles de la guerre ont payé l'entretien du ventilateur de l'Opéra. Pauvres petits !

Autre chose : certaines personnes croient

encore, malgré les preuves données dans notre article du 16 juillet, que c'est à l'audace, à l'habileté de M. Halanzier qu'est due la reconstitution de l'Opéra, après les désastres de la guerre et de la Commune. Cette erreur, habilement répandue dans le public par le directeur et ses familiers, jouit, paraît-il, d'une influence assez considérable pour pallier auprès du ministre les torts de M. Halanzier, et conserver à celui-ci la haute protection de M. le Président de la République lui-même. Les faits sont pourtant là pour prouver le contraire.

La jactance de M. Halanzier mérite d'être flagellée, et les chiffres vont encore une fois se charger de cette besogne. Après la Commune, l'Opéra fut administré par les artistes, réunis en Société, du mois de juin au mois de novembre 1871 ; eux seuls ne désespérèrent pas de la fortune de l'Académie de musique, et lorsqu'en novembre le directeur actuel prit l'exploitation à son compte, le théâtre était dans un état si prospère que les recettes du mois de novembre s'élevèrent à la somme de 159,853 fr. 78 tandis que celles de décembre suivant n'atteignaient que 125,721 fr. 30 et celles de janvier 129,583 fr. 92. L'audace, l'habileté de M. Halanzier se faisaient sentir... négativement. Encore une légende qui s'en va.

Que reste-t-il donc au directeur de l'Opéra pour mériter la protection inconcevable dont il est l'objet ?... Rien, absolument rien ; et voilà, comme l'écrit si bien M. de La Rounat dans son feuilleton du XIXe Siècle, « *ce que s'obstinent à ne pas comprendre les gens qui le soutiennent à l'encontre de l'intérêt public et au mépris de leur devoir.* »

Nous n'avons qu'un mot à ajouter. De ce qu'on vient de lire, il est résulté un procès, qui ne prouvera rien, ou pas grand'chose.

Quand en résultera-t-il une enquête, qui prouverait tout ce que nous avons annoncé ?...

LÉON KERST.

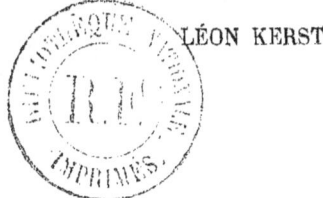

PARIS. — IMPRIMERIE BOILEAU, RUE SAINT-LAZARE, 81.

www.ingramcontent.com/pod-product-compliance
Lightning Source LLC
Chambersburg PA
CBHW060705050426
42451CB00010B/1276